À table !

Du même auteur

Dans la nuit aussi le ciel
Parole d'Aube, 1999
Points n°788, 2000

L'Homme blanc
Flammarion, 2000
Points n°933, 2001

À bras le corps
Flammarion, 2003

Holy Lola
Grasset, 2004

La Menace des miroirs
Le Cherche-Midi, 2006

Tiffany Tavernier

À table !

roman

Éditions du Seuil
27, rue Jacob, Paris VIe

ISBN 978-2-02-097703-6

www.seuil.com

C'est étrange, ça la gratte. Là, au bout de l'orteil, sur la peau douce comme celle des bébés. Elle frotte. Elle pose même ses lèvres puis un peu ses dents. Elle n'aime pas cette sensation. Elle ne la comprend pas. Il l'a quittée il y a environ une demi-heure et elle vient de se coucher. Trente minutes sur le drap roulé en boule avant de trouver le courage d'éteindre la lumière puis, là, pof, ce picotement à l'extrémité du corps. Elle ne sera donc jamais tranquille ? Là-haut, à l'étage, la vieille ne bouge pas. Rien ne la gratte, elle, pourtant, elle est en train de pourrir. Dans le noir, Marie choisit les ongles. Il est tard, elle a sommeil, la solution, oui, va être de s'endormir comme ça, les ongles enfoncés dans la chair. Il n'y a rien d'autre à faire, il est parti.

– Tu reviens quand ?

Un long silence en guise de réponse.

Voilà, Marie s'endort pensant que tout ceci est

irréel… La vie, les orteils brûlants, le désir, la peau douce comme celle des bébés, tout est irréel…

Les jours passent. Le picotement gagne du terrain, il s'empare du mollet puis de la jambe. Marie se gratte, mordille sa peau, plonge dans des bains d'eau froide. À l'étage, la vieille dort d'un sommeil de plomb.

Un matin, exténuée, Marie descend à la pharmacie, achète toutes sortes de crèmes. Des jours et des jours, elle les étale. Aucune ne la soulage. Pire, le picotement gagne bientôt le bas du ventre et les hanches.

Que lui arrive-t-il ?

Elle qui a eu tant d'amants, tant d'orgasmes, se lève en pleine nuit, le visage étonné par tant de dérangements dans la chair.

Elle imagine une maladie. Une réaction allergique. Surtout rien d'ordre mystique – Marie ne l'est pas – à peine connaît-elle l'histoire des Évangiles où le divin, la nourriture et l'émotion ne font qu'un. Marie, depuis toujours, appartient au monde sec. Ses pas foulent un sol dont la nature est – pense-t-elle – sans mystère. Quitter l'enfance et l'adolescence lui a peu coûté ; quelques chagrins, quelques disputes, des offenses aussi, une année de fac fichue parce qu'elle était trop sortie en boîte, et peut-être cette légère douleur le jour où, pour la première fois, un garçon la pénétra – une jouissance rapide, féconde, qui laisse étourdie et rêveuse.

Rien de plus.

Aujourd'hui, à la satisfaction de tous, elle est conseillère clientèle d'une petite agence bancaire parisienne à l'angle de la rue de Monceau et du boulevard Malesherbes. Il avait suffi pour cela d'être une fille très performante, polie, séduisante, gaie, bref, en tout point « réussie ».

Comment, dès lors, comprendre ce picotement ?

« Il part et ça me picote ? ! »

Non, pas question d'imiter Géraldine – la secrétaire du patron, Monsieur Sanchez – qui, systématiquement, cherche une cause au moindre incident : « Tiens, je tousse beaucoup ce matin, j'ai des choses à expulser ! » Ou bien : « J'ai cassé trois verres cette semaine, je digère mal les insultes de ma petite sœur… »

Bien sûr, Marie a entendu parler de la psychanalyse et autres thérapies en vogue en ces années 2000 : le reiki, le feng shui, le rebirth, les boîtes échangistes, l'Université de tous les savoirs… Mais rien de tout cela ne lui semble très convaincant. D'ailleurs, ça ne marche pas avec Géraldine : sa toux perdure, sa petite sœur continue de l'insulter.

Pas le choix donc. Ce picotement, elle doit le garder pour elle. Seulement, une nuit, il atteint sa gorge. Elle sursaute, bondit hors du lit, inspire profondément. Le picotement devient insupportable. Marie se lève sans enfiler sa robe de chambre, file, nue, jusqu'à la fenêtre, l'ouvre. Le froid lui fait du bien. Un froid aigu qui s'engouffre en elle avec une sorte de perfidie. Une perfidie, oui. Elle respire, ferme les yeux, et c'est alors qu'elle le nomme, lui, son amant.

– Éli.

Ce type plein d'allure, prof de fac, marié, qui, un après-midi, a poussé la porte de son bureau et qui la fait jouir depuis le 10 décembre.

– Éli.

En bas, dans la rue, une Peugeot immatriculée 80 tente avec beaucoup de maladresse un créneau raté d'avance. Marie ferme la fenêtre, tire les rideaux d'un coup sec.

On marche dans la rue, on marche dans son corps, on vit aussi intelligemment que possible, et soudain, quelque chose nous choisit… Non, on ne se moque pas. Le vent souffle dehors. Dans la chambre, Marie frissonne.

« Est-ce moi, est-ce le monde ? »

Quatre-vingts jours ont passé. Les genoux repliés sous le menton, Marie ne voit rien ; ni l'aube qui se lève, ni la saleté sur les carreaux des fenêtres. Depuis le jour où elle a prononcé le nom d'Éli, elle ne se gratte plus. A-t-il jamais existé, ce picotement ?... Elle ne sait plus. Les genoux repliés sous elle, elle coule, corps silencieux dans l'eau profonde.

Là, elle vient de faire l'amour avec lui. Il lui a téléphoné, elle a dit oui.

Elle n'est plus que cela, ce oui pour lui.

Il est entré, l'a à peine regardé, lui a demandé de se retourner sur le lit, de se mettre à quatre pattes. Il aime quand elle prend des poses devant lui. Il en oublie les vacances de sa fille, il bande.

Les premiers jours, avant de lui toucher la peau du ventre, il l'embrassait. Mais le temps a passé. Tout s'use sur les routes du monde sec, rien véritablement ne s'y accomplit. Entre eux, il n'y a plus que la baise. Rien que cela.

Il lui a soulevé la jupe, lui a demandé de baisser pour lui sa culotte blanche (elle a jeté toutes celles de couleur) et, comme à chaque fois, Marie, soumise, s'est exécutée. Il l'a alors prise par-derrière, pressant ses hanches, les griffant et Marie s'est ouverte. Large. Étrangement, Marie aime ce sexe qui la cogne, ce poids qui l'écrase, ces mains qui l'empoignent,

– Encore.

Mais il sort d'elle, vite, trop vite, il râle, il jouit, vide sa semence dans le creux de son dos. Marie mord le drap, supplie.

Depuis combien de mois dure cette histoire ? Marie n'est plus la même, cédant à chaque fois, se laissant « sauter » comme il dit. Et ce trouble qui la remplit à l'instant du cri qu'elle ne pousse pas. Il plaque la main sur sa bouche, « tais-toi ! ». Ce sentiment de plénitude. « Tais-toi ! », pour s'enfoncer une dernière fois en elle, se retirer puis éjaculer encore et encore, dans le creux de son dos.

Debout dans la pénombre, Éli se redresse. Sa conscience flotte. Pourquoi s'est-il lâché si vite ? L'âge ?... Il aimerait bien fumer une cigarette.

Marie, nue, caresse du bout du doigt le sperme de l'homme, le renifle, finit par le porter à la bouche. A-t-il un goût, cet amour ? Bruit de la braguette qui se referme, de la veste qu'on enfile, de l'eau du robinet qui coule là-bas dans la salle de bains, du gargarisme de la bouche. Il va revenir, frôler son épaule de l'index, à peine la regarder, sortir de la chambre, claquer doucement la porte d'entrée, disparaître.

Combien de temps, combien de mois résignée de la sorte, cul, fesses offertes, rideaux fermés, larmes sur le doigt qu'elle lèche encore, gémissante ?

Clac.

Voilà, il est parti, elle peut mourir, décider de ne plus jamais allumer la lampe, cambrer le dos jusqu'à connaître la vraie douleur, empoigner ses propres cheveux et les tirer sans grâce, hurler sans lui, se mordre les poings puis se taire, oh draps, ses yeux gris-violet, sa chevelure noire, sa peau laiteuse aux grains à peine vieillis, ce qu'elle est belle !

Elle le sait, il ne prend pas l'ascenseur, descend une à une les marches, laisse se refermer la porte cochère. Le cul avec elle fait du bien. D'un pas régulier, il marche sous la pluie, quasi réconcilié avec lui-même, tire sur sa Philip Morris bleue, évite les flaques. L'averse faiblit, un rayon de soleil touche les façades. Il fait beau tout à coup. Éli s'assied sur un banc. À vingt-trois ans, il était le plus jeune prof de sa fac. Tout semblait possible. Aujourd'hui, trente années ont passé et quoi… Il est toujours prof, toujours marié à Dina… et, une à deux fois par semaine, il jouit sur Marie, chaque fois plus violemment.

Éli termine sa cigarette, jette son mégot, l'écrase, entre dans la boulangerie, salue la fille aux grosses joues dont il ne rêve jamais, demande avec douceur une baguette cinq céréales.

– Un euro dix, s'il vous plaît.

Lumière impitoyable de l'aube, la chambre est propre, Marie a froid. Elle se lève d'un bond, enfile le peignoir aux manches lourdes, serre la ceinture autour de sa taille, traverse pieds nus, à pas rapides, son appartement.

Cuisine.

Çà et là, des miettes de pain sur la table centrale. Au mur, suspendu à un crochet, de l'ail en gousse, intouché. À droite, en face de l'évier, sur une petite étagère en chêne massif, des épices conservées dans des bocaux : curcuma, anis, cumin, cannelle, moutarde noire, fenugrec. Couleurs d'un monde où elle passait son temps à saucer, bouillir, hacher les viandes avant de les goûter. Que fait-il à cette heure ? Prend-il son petit déjeuner avec sa femme ? Lit-il les journaux qu'elle lui apporte ? Marie a une sorte de rire grossier. Ce qu'elle peut se trouver ridicule ! D'un geste brusque, elle ouvre la porte du réfrigérateur, s'empare d'un pot de compote de pommes, l'engloutit à la cuillère. Même à l'intérieur du fruit, il est là, glissant dans sa gorge, l'envahissant.

Volte-face. Elle allume la lumière de chaque pièce, rejoint la chambre, ouvre la double porte de sa penderie, se dirige vers le lit, le fait, lissant les plis des draps, les oreillers, puis frappe d'un coup sec comme pour effacer toute trace, toute empreinte. Comment ne pas mourir ? Elle se campe à nouveau devant la penderie, choisit quelques affaires à la volée, balance d'un coup de pied le pot vide de compote, s'approche du lit, le défait avec rage : combien de mois avant qu'il l'embrasse avec la langue ?

Elle se plaque les mains sur le visage, essaie de respirer, clac, retire la prise de son chargeur.

Il faudrait revenir au monde, se poudrer. Écouter les nouvelles à la radio. Remettre les casseroles au feu... Dix fois elle porte le téléphone à l'oreille, dix fois elle le repose, se retient, se hait, finit par accomplir ce geste qui l'exaspère. Il va répondre, n'est-ce pas ? Il va décrocher. Lui parler, la réclamer !

Message de sa boîte vocale. C'est à elle, toujours, de dire, de parler. D'avouer. Les larmes ne lui viennent plus. Marie bredouille. « Je t'aime, mon amour, je t'aime... Tu me manques. »

Elle s'en veut. Elle ne s'en veut pas. Éli la comble, la cerne. Depuis cette rencontre, elle a comme basculé, passant d'un ordre à un autre, d'un monde à un autre. Certains appellent cela une chute, d'autres un envol. Marie ne sait pas. Elle ouvre la bouche et l'attente s'y engouffre avec l'immensité de la ville, la raideur des femmes tristes, la lumière sous les bancs. Elle ne se souvient pas avoir connu cela, cet envahissement du monde en elle, ce tremblement dans les paumes, cette envie de pleurer, de mordre violemment les fruits, la viande. C'est si neuf. Son entourage ne comprend pas. Elle n'est plus qu'émotion, peau. Sa famille et ses amis s'insurgent. Elle s'en détourne. Cet égarement, il est sien. Tant pis s'ils ne le supportent pas. Elle doit le vivre, s'y enfoncer jusqu'au bout. Alors qu'ils lui foutent la paix.

Elle passe des heures à caresser les murs de son appartement. Le téléphone sonne. Elle ne décroche pas. Elle devient folle. Idiote ? Sans doute.

Si Marie avait cru en Dieu… Mais Marie est agnostique, une enfant bâtarde, non annoncée, conséquence d'une passion entre une jeune fille de la bourgeoisie et un conducteur d'engins. Elle ne l'apprend que des années plus tard, et ce n'est pas le choc auquel chacun s'attendait. Avec une facilité déconcertante, elle retrouve la trace de son géniteur, l'appelle, saute dans un train. Il est là, sur le quai, à l'attendre, ému. Ils échangent quelques mots, vont au restaurant, se promènent sur la plage. C'est un jour d'averses, il la regarde, lui prête son blouson, part marcher devant. Elle comprend qu'il aime le silence plus que tout. En se quittant, ils s'embrassent sur les joues. Elle promet de revenir le voir. Et elle revient le voir. Marie est une fille simple. Une fille énergique aussi.

Il y a quelques années, peu après son embauche, elle a réussi à faire grimper de dix points les résultats de son agence bancaire. Un beau coup qui avait exigé une volonté de fer.

Alors comment expliquer l'insouciance qu'elle affiche désormais au travail et le désordre de plus en plus visible de son bureau ? Sanchez, le boss de Marie, lui propose une semaine de congé, seulement à son retour, c'est pire. Toute son énergie s'est volatilisée… Contrats d'assurance-vie en baisse, épargne logement au minimum, plus une seule ouverture de compte.

Marie finit par déranger. Sanchez la surprend un jour en train de s'embrasser la peau du bras alors que le téléphone sonne. Marie lui sourit. C'en est trop ! Il claque la porte. Marie ne réagit pas, elle a pris naissance ailleurs, Sanchez doit l'accepter comme les autres. C'est si rare de se donner ainsi, sans mesure, jusqu'à se faire mal. Oui, même cette douleur, elle l'aime. Marie se frotte contre les murs, appuie partout ses hanches, son sexe. Elle pisse dans les bains pour mieux jouir de lui, elle a des crampes, sa bouche est sèche, elle s'en moque, du moment qu'elle l'éprouve, lui, Éli. Sa chair. C'est nue, entièrement nue qu'elle veut vivre, collée aux draps dans lesquels il l'a empoignée.

Pour la première fois de sa vie, se caressant, elle pense à la beauté fulgurante de la neige. Et c'est une joie pure.

Elle a une clef, Julia, l'amie d'enfance. Il faudrait que Marie pense à la réclamer mais, depuis des mois, Marie ne pense plus à rien. Julia ouvre les rideaux, s'approche de Marie, se penche, lui caresse le front.

– Tu ne peux pas rester comme ça.

Marie sait qu'elle a de la chance d'être aimée malgré son silence, ses semaines d'enfermement. Julia ouvre les portes de la penderie, choisit quelques vêtements, les dépose tout près d'elle.

– Habille-toi, je te prépare un café.

Bientôt, Julia va lui peigner les cheveux, faire ses tresses comme lorsqu'elles jouaient aux amoureuses. Ce bonheur a disparu. Julia secoue la couette, arrange l'oreiller, passe un gant de toilette mouillé, froid, sur le visage de Marie.

– Tu ne peux pas rester comme ça.

Marie se détourne, Julia tient bon.

– Il ne t'aime pas. Il ne t'a jamais aimée.

Marie ne réagit pas. N'être que ce corps ouvert, cette réclamation.

– Tu sens mauvais, merde !

Marie se tait, se fout de tout.

– Marie ?

Julia s'est étendue sur le lit. Elle lui caresse le front.

– Je suis enceinte, j'attends un enfant. Touche…

Julia saisit la main de Marie, la pose sur son ventre.

– Tu me détestes ?

Marie fait non de la tête. Un jour, elle attendra elle aussi un enfant, celui d'Éli.

Julia soupire, se lève, allume la radio, tourne sur elle-même. Marie la regarde. Il faudrait se lever. Danser avec elle. Julia fait la moue, papillonne quelques instants en relevant sa jupe. Marie n'a pas la force d'éclater de rire. C'est fou ce qu'on peut être à la fois lucide et impuissant. Julia s'arrête, change de station de radio.

– Tiens, ton pull.

Une éclaircie dehors. Un rai de lumière dans la pièce. Marie traverse la chambre, referme les rideaux. Le noir de nouveau. Julia ne bronche pas… Quand est-ce que tout ça va finir ?

– Je t'ai fait des courses, je veux que tu manges, Marie.

– Oui.

– Non, pas oui comme ça.

– Je te jure.

Julia soupire.
– Je dois y aller.
Elle l'embrasse, esquisse un sourire, pose la main sur son ventre.
– C'est pour début mai… le 12, paraît-il.

Julia s'en va. En contrebas, au croisement du carrefour, elle rejoint Fred, son homme. Marie, immobile derrière la fenêtre, les regarde s'enlacer. À la radio, les nouvelles du monde : fusillade en Irak, un enfant battu à mort, le dollar toujours en baisse… Julia ne viendra plus mais comment lui en vouloir ? Elle a tout essayé : cris, menaces, la patience même. Et rien… Marie est restée muette, gardant Éli au fond d'elle-même. Que révéler ? Un jour, il sera à elle. Et devant son bonheur, tous pardonneront, Julia la première. Marie se tait donc.

Assise à la terrasse d'un café qui fait face à l'immeuble d'Éli, Marie attend l'ouverture de la porte cochère, numéro 37. Il ne se doute de rien, Marie connaît son emploi du temps par cœur. Tous les matins, une heure avant l'ouverture de l'agence, c'est le même ballet. L'un des instants les plus vifs de sa vie à elle : sa silhouette qui apparaît sous le porche du vieil immeuble, son costume élégant, son bras qui retient la porte pour laisser passer sa petite fille, puis, Dina la femme, ombres dociles, souriantes – cette chance qu'elles ont ! Voilà, il réajuste les bretelles du cartable de la petite, l'enfant de l'autre qui l'écarte, la hante, mais à quoi bon penser à cela ! Marie boit son café, lèche la crème. Éli cherche les clefs de sa voiture, fouille ses poches, accuse sa femme, râle. Une dispute encore ? Dina hausse la voix, les clefs, elle ne les a pas ! Éli se raidit. Marie donnerait tant pour être à la place de l'épouse. À chaque fois, ça dérape. La petite se met à pleurer. Dina lui prend la main, fait demi-tour, s'éloigne. Éli reste seul et Marie se dit que tout pourrait chavirer. Mais rien n'arrive. Éli retrouve les clefs de sa voiture. Côté terrasse, Marie paie. Voilà, Éli se met à marcher. Marie part en laissant la monnaie.

Comme chaque matin, elle va le suivre et lui ne s'apercevra de rien. Il ne l'aime pas suffisamment pour deviner sa présence, là, derrière son dos. Elle sait qu'il faudra du temps avant qu'il se retourne. Il bifurque dans la rue, longe les grilles du jardin. Menton baissé, mains dans les poches, elle le suit.

Comme elles sont douces ces minutes qu'il ne soupçonne pas ! Chaque fois, elle en sort plus désemparée, plus vide. Mais à quelques mètres de lui, accordant son pas au sien, Marie se délecte. En ces instants, elle le possède, enfin. Lui. Son corps. Marchant sur ses traces, sourire aux lèvres, caressant la grille qu'il vient d'effleurer, avalant presque sa peau, ses marques, les recueillant sous ses aisselles, voilà, elle prend, elle se sert. Devant elle, il marche, libre, radieux. Et Marie savoure.

Jusqu'à ce que la jeune fille aux cheveux longs très noirs, aux cheveux longs, bouclés, aux cheveux longs et au visage heureux, pâle, aux lèvres à peine maquillées, aux collants marron foncé, aux guêtres ultramode, jaune flamboyant, aux bottines vertes, aux trois pulls superposés blanc, rouge, noir, jusqu'à ce que la jeune fille – quel âge ? dix-huit ? dix-neuf ans ? – se mette à courir vers lui – sa nièce ? – et l'embrasse, lèche ses lèvres, son nez.

Marie se décompose. Éli se laisse faire. Il ne crie pas, ne se défend pas. Il se laisse embrasser au vu et au su de tout le monde, trahissant l'ordre du secret. Marie vacille, il ne la voit pas. Éli s'éloigne avec la fille.

La fin du monde, c'est un peu ça, non ?

Là-bas, les deux silhouettes s'embrassent une seconde fois. Palpables. Éli fourre son index dans la bouche de la fille. La fille y goûte. Autour d'eux, les passants de ce siècle, ceux dont Éli se défie quand il est avec elle. Autour d'eux, la douceur des arbres, l'acier neuf des voitures, l'œil entrouvert des bébés, la canne des vieux, la pisse des chiens sur les trottoirs. La vraie vie quoi.

Qu'est-ce que l'obscurité ? La lumière échappée à tout jamais du monde ou la lumière tout entière absorbée par la nuit ?

Marie a tout supporté : l'éloignement de ses amis, le désarroi de sa mère, la perspective d'être prochainement virée. Si peu comparé à l'éblouissement... Accepter la solitude, le mépris, et l'incompréhension, pourquoi pas, tant qu'Éli continuait de la déshabiller, de la retourner, de jouir sur elle et même, une fois, de pisser sur son corps. Comme elle avait aimé cela ! Éli avait balbutié une excuse mais pourquoi ? « Pourquoi ? » avait-elle chuchoté. Ce jour-là, Marie n'était pas allée au travail. Elle tenait à garder cette odeur sur elle, s'en imprégner, ne plus jamais avoir à se laver. Comme elle avait haï ce bain qu'elle avait dû prendre le lendemain, haï la lumière du matin, la chaise idiote de son bureau, la voix contrariée des clients au téléphone ! Elle avait vite retrouvé son sourire – ce sourire qui, à la fois, déroutait et exaspérait Sanchez. À travers le don de sa pisse, Éli, pour la première fois, lui concédait une forme de pouvoir. À Dina, il offrait sa face lisse, sa face propre. Avec Marie, il osait la part trébuchante, l'entaille, la blessure.

Alors ? Il lui a donc menti en la pénétrant, la caressant, lui imposant l'ordre de ses pulsions. Un vrai saccage.

Marie se relève, marche dans la ville. Sans liens ni buts, les mots sortent de sa bouche et tombent. Cette absence d'étreinte, c'est son âme qui pourrit.

Dans la baignoire, l'eau coule, presque bouillante. Marie dessine un trait sur la buée du miroir, y fait jouer le reflet de son visage. La vapeur recouvre sa nudité. Elle plonge un pied dans l'eau, ça lui fait un peu mal mais il le faut. Blesser la peau, la rougir à vif, Marie ne trouve rien d'autre que cela pour échapper à l'intensité de sa douleur.

L'eau monte jusqu'à son cou. Marie plonge la tête sous l'eau, rejaillit, pleure, pousse une plainte. Il lui a tout volé, tout pris, elle le désire encore. Elle attrape l'éponge, frotte avec frénésie son corps. Se débarrasser de son odeur, le retirer d'elle, frotter tout, effacer tout. Le salopard ! Il l'a bien eue tout de même. Il s'est bien foutu de sa petite gueule.

L'eau déborde. Ses grands yeux fixent la flaque qui s'agrandit. Cette eau qui s'écoule au sol, inutile, morbide, c'est un peu elle, non ?

Tablette de chocolat sur l'étagère… Dans les volutes, Marie s'enduit les lèvres de cacao. La tablette ramollit.

Les larmes coulent, la morve. Marie serre le chocolat qui fond entre ses doigts, l'enfonce dans sa bouche, finit par mordre. Haut-le-cœur. Elle écarquille les yeux. Que fait-elle ? Et toute cette eau ! Toute cette eau qui se répand dans la salle de bains… Marie se redresse, sort précipitamment de la baignoire, jette partout des serviettes. Jusqu'où peut-on ainsi se renier ? Elle éponge, s'asperge le visage d'eau froide, ouvre la porte. De l'air. De l'air sur son corps à vif. Accrochée au mur du couloir, une photo d'elle, enfant, c'est l'anniversaire de ses huit ans. Marie, petite fille, fait face à l'objectif, tête haute.

Alors, une idée la traverse. Elle respire, se détend tout à coup. Une idée qui n'aurait même pas dû l'atteindre, qu'elle aurait dû balayer d'un geste.

Punir Éli.

Marie glousse. Le châtiment la fait rire, tellement bizarre et incongru ! Son rire ne dure pas. Éli va continuer de lui mentir et probablement la quitter. Disparaître ? On n'oublie pas l'amour comme ça, on ne méprise pas le corps des autres. Alors quoi ?… Le démolir. Réduire son âme en cendres. Marie glousse pour la seconde fois.

Les larmes viennent plus tard. Marie s'allonge, résiste à l'envie d'appeler Dina, de tout lui balancer, de provoquer ses cris. Ou non, tiens, d'aller en boîte, sortir avec un tas de mecs, se faire prendre n'importe où, dans les chiottes, contre un mur. Puis appeler Éli, lui raconter comment elle a joui, écouter son silence…

La neige tombe, elle fond sur les trottoirs. Soudain, le vent se lève, un nuage, de l'ombre. Marie a froid. Il est temps pour elle de bouger. Oui, partir d'ici.

Elle rend visite à son père. Ils marchent, silencieux, le long de la plage, mousses jaunâtres, algues, galets, plastiques épars. Marie trébuche, son père la retient, l'empêche de tomber ; elle ne s'écorche pas. Elle n'a le courage de rien, surtout pas d'avouer sa détresse. Plus tard, ils boivent le café, vont inspecter la terre du jardin. Il a repeint la cabane où il entrepose ses outils. Il en est assez fier. Marie se tait. C'est beau, ces outils usés bien rangés.

– Et là, derrière ces pots, ces boîtes, c'est quoi ?

– Du poison, petiote. Touche pas.

– Du poison ?

Devant l'air inquiet de sa fille, il devient taquin.

– Du poison pour me débarrasser des voisins, petiote ! Et des cons !

Marie se fige. Il se met à rire.

– T'es bien de la ville, toi ! Faut que tu croies ce que les vieux te racontent ! Les cons y en a toujours de trop. Ce qui me préoccupe, moi, c'est les nuisibles. Ils te bouffent tout le jardin si tu les laisses faire. Alors je les tue.

Train du retour.

Marie, les joues rosies, se mord les lèvres, petite fille prise en défaut. Avec les nouvelles directives, son père aurait dû tout balancer, mais contre les taupes et les rats, il n'y a rien de mieux. Alors, il a choisi d'écouler son stock en secret. Elle dira rien, hein ?

Non, elle ne dira rien, elle le lui jure. Il lui adresse un sourire complice, coupe le gâteau qu'il a acheté à la pâtisserie chic du centre-ville. Sur le quai, juste avant de s'en aller, il tente de redresser sa mèche de cheveux. Le train part. Marie oublie tout : le moelleux du gâteau, la tasse ébréchée, le goût amer du café, les vagues de l'océan… Qu'a-t-elle fait ? À l'heure du déjeuner, son père est allé chercher du bois dans la remise et elle en a profité pour se faufiler dans la petite cabane et se servir. Une boîte, c'est largement suffisant. Deux cents rats… Le train longe la forêt, s'engouffre dans un tunnel… Aux yeux d'Éli, elle est une putain. Une putain nourricière et consolatrice qui, au fil des semaines, s'est laissée baiser sans un cri parce que même son cri de jouissance, son cri de putain, Éli n'en veut pas.

Sortie du tunnel. Marie a faim. Elle se lève, rejoint le bar, se paie un sandwich. Il va mourir et ce sera de sa faute. Il sonnera à sa porte, elle lui ouvrira et il entrera sans rien remarquer – a-t-il d'ailleurs jamais remarqué quoi que ce soit ? Il la suivra, incapable d'avouer son intention de rompre. Alors, Marie ira chercher sa boîte et l'empoisonnera. Oui. C'est ainsi qu'elle imagine la suite, comme elle a imaginé leurs vacances, son divorce, leur union à tout jamais.

Une envie de pleurer. Elle mord dans son sandwich, le repose sur la banquette. Paysage de forêts, d'arbres nus, de labours. Tiens, elle mouille… La perspective du crime, le manque d'Éli ou ses règles venues trop tôt ? Elle ne sait plus.

Elle est rentrée, a pris un bain, en est ressortie une heure plus tard, paniquée. Et si tout d'un coup Éli décidait de refaire sa vie avec cette fille ? Elle file d'un pas nerveux vers son ordinateur, l'allume, tape, fébrile, le mot « arsenic ».

Avec Google, tout est simple. Tellement simple qu'elle se demande s'il n'y a pas quelque chose de plus grand qu'elle – une conscience supérieure ?

> TRIOXYDE D'ARSENIC : produit hautement toxique, blanc, dangereux à manipuler. Il faut l'enfermer dans une boîte hermétique, ne surtout pas l'inhaler, ne pas le faire chauffer. Se servir de gants lorsqu'on l'utilise...

Ses mains pianotent sur le clavier. Elles s'arrêtent au programme international de sécurité chimique. Ouverture de fenêtre. Glissement du curseur. Marie sent qu'elle approche du but. Elle a peur, elle est excitée, elle est dingue, oui, complètement dingue. Mais tant pis. La seule idée qu'Éli ne la rappelle plus l'affole. Arrêt du curseur. Chapitre V: Prise en charge des intoxications. Elle clique sur « rechercher » et, pour la seconde fois, écrit « arsenic ». En moins d'un quart de seconde, l'ordinateur laisse apparaître une nouvelle fenêtre. Marie est fascinée.

MODE D'ACTION

L'arsenic irrite la peau, les poumons et l'intestin. Il interfère avec les processus cellulaires vitaux en de nombreux points de l'organisme.

TOXICITÉ

L'arsenic et les produits contenant de l'arsenic sont très toxiques lorsqu'ils sont ingérés, inspirés, ou en contact avec la peau. Même en très faible quantité ils peuvent entraîner la mort. L'intoxication chronique à l'arsenic peut survenir lors de l'ingestion répétée d'arsenic (par exemple, aliments contaminés, remèdes traditionnels contenant de l'arsenic), ou d'une exposition répétée à de la poussière ou à des vapeurs d'arsenic. L'arsenic peut aussi être une cause de cancer de la peau, des poumons ou du foie longtemps après l'exposition.

INTOXICATION CHRONIQUE

Une exposition au long cours à de faibles doses durant plusieurs semaines ou plusieurs années, par ingestion ou inhalation peut entraîner:

– faiblesse.
– perte de l'appétit, nausées et vomissements.
– diarrhée ou constipation.
– éruption cutanée.
– épaississement de la peau au niveau des paumes ou des plantes des pieds.
– voix rauque et maux de gorge.
Le patient a parfois un goût de métal dans la bouche et son haleine et sa sueur sentent l'ail,
– jaunisse due à des lésions hépatiques.
– présence de sang dans les urines due à des lésions rénales.
– plantes des pieds engourdies ou douloureuses du fait de lésions nerveuses.
– chute des cheveux.
– lignes blanches sur les ongles.
– cancer de la peau, des poumons ou du foie.

« Non, c'est impossible, je ne peux pas faire une chose pareille. » Le téléphone a sonné, elle a décroché. Voix de Julia.

– T'étais où ? Je te cherche depuis deux jours.
– Chez mon père.
– Préviens, Marie. J'étais super-inquiète.
– …
– On va au théâtre ce soir…

– Je suis fatiguée, Julia.

– Marc vient avec nous.

– …

– Il a gardé un très beau souvenir de toi, tu sais ? Il est seul en ce moment.

– Moi, non.

– Bon sang, Marie, qu'est-ce que ça te coûterait de simplement le revoir ?

Elle raccroche.

Elle se caresse. Sa vulve s'ouvre, bulbe de tulipe ou de jacinthe, humide, douce. Elle se retourne, écarte ses fesses nues, y enfonce un doigt, émet comme une plainte. La prochaine fois, elle lui demandera d'apporter un gode, deux même. Qu'il la pénètre dans sa gorge, son cul, sa chatte de femme bien éclose. Qu'il joue de ses trois sexes pour l'écarteler, l'aimer, fleurir en elle, jaillir en elle. Qu'il s'y enfonce.

Elle pousse un cri.

Nouvelle sonnerie du téléphone. Julia encore, ou bien Éli ? Marie hésite, décroche.

– Marie ? Il faut que je te parle, quand est-ce que je peux passer ?

– Quand tu veux, Éli, tu le sais.

– Jeudi, Dina emmène la puce au ski. On pourrait se voir en fin de journée.

– Je rentre tard le jeudi, vers huit heures, ça serait mieux.

– Huit heures… D'accord.

– Bon, je t'attends. Je t'embrasse, Éli.

Il raccroche. Marie retient un hurlement de joie. La vieille d'en haut, ça pourrait lui faire peur. Marie l'aime sa petite vieille, toujours à attendre son fils ! Inutile de la réveiller. Marie jubile en silence, tournant sur elle-même, valsant… Éli a appelé ! Éli va venir !

Nous sommes mardi. Elle a deux jours devant elle pour s'imposer. Marie n'est pas dupe, elle connaît les hommes : celui qui veut « parler » est celui qui veut rompre. Éli a choisi. Éli l'abandonne. Elle ne se laissera pas faire. Surtout pas à cause d'une gamine. Elle rit soudain de son énergie. La seule idée du poison enfermé dans la petite boîte génère en elle une force insoupçonnée.

Il ne l'aura pas.

Marie s'élance vers le miroir, esquisse une moue. Me faire belle. Me rendre au plus haut point désirable. Lui clouer le bec ! Elle ouvre les portes de ses placards, jauge, d'un coup d'œil, leurs contenus. Elle va enfiler sa petite robe noire juste assez moulante pour l'exciter mais pas trop, car trop, c'est donner à croire que la femme a soif, or les hommes, plus que tout, aiment conquérir. Dire oui avec le corps, non avec les yeux.

Elle va le complimenter, le rassurer, jouer la carte de l'autre jeune fille sans jamais l'évoquer, être d'une douceur incomparable. Effleurer sa peau. Servir le vin, la nourriture avec des gestes de mère. N'aborder que les sujets qui l'intéressent. Accepter d'écouter la radio ou de regarder la télé. Le confondre. Rire. Oui, rire le plus souvent possible comme d'un secret auquel jamais il ne prend part. Le faire parler de son enfance. Le subjuguer.

Salade de rattes tièdes à la truffe noire du Périgord
Volaille à la farce truffée champenoise
sur lit de pommes fruits caramélisées
Sorbets maison et berlingots à la vanille

Dans une belle casserole cuivrée, l'eau chauffe. À l'aide d'un fin couteau, debout face au plan de travail, Marie termine d'éplucher la dernière ratte en y mettant un soin tout particulier, une vraie douceur. Elle est revêtue d'une simple petite combinaison et n'a pas mis de chaussures. Elle marche sur les carreaux noirs et blancs, pieds nus, légère, s'essuyant les mains au torchon négligemment posé sur son épaule, les cheveux tirés en arrière, soyeux, peignés, le visage sans fard, peau très blanche et délicate, fraîche malgré l'heure tardive, lumineuse.

Marie se tourne, fait jaillir l'eau du robinet, rince les pommes de terre mises à nu, contemple, sous le jet puissant, leur danse au fond de la passoire en inox rouge. Côté feux, l'eau bout à présent. Avec une adresse qui, autrefois, lui était naturelle, Marie y balance les rattes, abaisse le niveau de la flamme, puis retire de son sachet la volaille, la chair à saucisse, la fine de porc, le hachis de veau.

À l'aide, cette fois-ci, d'une mini-hache, elle tranche en dés fins la pulpe de l'oignon, puis, du plat de la lame, appuie fortement sur trois gousses d'ail qui, suintant, perdent, sans plus de résistance, au premier toucher, leurs peaux.

Dans un saladier, Marie malaxe les viandes, y jette du gros sel, moud plusieurs sortes de poivres, des herbes fraîches finement ciselées. Le contact de ses mains nues avec cette farce l'apaise. Un large sourire irradie son visage.

Elle ouvre maintenant la conserve où attendent la truffe et son jus. Elle l'émince, fait glisser chaque lamelle sous la peau de la volaille, jette le reste du jus dans la farce, y rajoute un peu de champagne, des champignons crus, de l'ail, de l'oignon et la fourre enfin dans le cul de la bête qu'elle enduit d'un beurre gras.

La viande est au four. Assise sur le plan de travail impeccablement nettoyé, Marie chantonne. À quelques centimètres, les rattes refroidissent dans un bain d'eau glacé.

Marie enfile une paire de gants siliconé, ouvre un placard, en sort la petite boîte à « poison », la pose avec précaution sur le plan de travail, boit un verre de vin.

Le feu est vif, le caramel prend. Marie guette, attend l'instant magique où il va virer de couleur, prendre vie. Là, sur une plaque de marbre sortie à cet effet, Marie le verse, freinant sa coulée par deux règles de fer.

Le caramel refroidit vite, s'épaissit. Marie plonge un couteau à longue lame dans un bain d'eau glacée, découpe la pâte en carrés de taille égale.

Elle est concentrée, pacifiée comme jamais. Elle chante à haute voix, tord chaque carré tiède après y avoir égrené de la vanille fraîche. Dans le dernier, elle hésite : y jeter toute la dose ou seulement une partie ? Il faut se décider vite, le caramel durcit. Marie hésite une dernière fois, lâche une seule pincée, enroule la pâte brune, l'observe, mi-apeurée, mi-stupéfaite, l'isole, retire ses gants, lave à grandes eaux ses mains et son visage. Il ne mourra qu'en partie, sans rien savoir, laissant, à l'intérieur de son corps, le poison élire ce qui doit être anéanti. Marie vient s'accroupir devant le four. La viande grésille. Elle pleure. Avait-il besoin de lui mentir ainsi ? Elle se lève. Enfantine, elle écrit sur la buée de la fenêtre.

Je vais te tuer

Autour, la viande croustillante, la fumée, les odeurs, le berlingot empoisonné dans la coupelle en céramique, les rattes coupées en rondelles, les pommes fruits roussies dans la poêle en fonte, le jus de quelques kakis écrasés, couleur feu.

Il n'est pas en retard. La radio est allumée, l'appartement est propre. La bougie au jasmin brûle au centre de la table. Il entre, n'a pas le temps d'ouvrir la bouche ; elle prend sa main, l'entraîne dans le couloir sans s'arrêter devant la porte de la chambre.

Étonné, il se laisse faire.

La table est dressée dans la salle à manger. Souriante, elle l'invite à s'asseoir.

– Mais…

– Chut, Éli, pas un mot. Tu verras, ça va être bon.

Il veut lui répondre, trouver le courage de lui annoncer sa décision. Elle pose un doigt sur ses lèvres.

– Je reviens ! Écoute les nouvelles pendant ce temps… j'ai mis RFI.

Elle attrape sa petite robe noire dans la penderie de la chambre et la passe.

Décontenancé, là-bas, tout là-bas, du fond de sa lâcheté et de sa faiblesse, Éli s'impatiente :

– Marie ?

– J'arrive, j'arrive !

Elle enfile rapidement, presque rieuse, sa paire de bas noirs, ramasse ses escarpins, réapparaît, femme.

Il ne sait plus ce qu'il doit comprendre, et pourquoi il aime ce jeu, et pourquoi ça l'agace en même temps, et pourquoi il se sent mal soudain. Il se lève. Elle l'en empêche.

– On dîne d'abord, Éli.

– Marie…

Confiante, elle pose à nouveau le doigt sur ses lèvres.

– Ça ne prendra pas de temps, c'est prêt.

Il se rassied, penaud. Il ne se souvenait pas de la trouver si belle ! Elle rit, glisse un baiser dans le creux de son épaule, le chatouille, s'éloigne à nouveau sans prévenir.

– Mais enfin ? Marie, où vas-tu ?

Ses cheveux sont dénoués, sa gorge est offerte. Elle revient avec sa belle assiette de rattes aux truffes accompagnées d'une salade de mesclun qu'elle dispose devant lui. Il est gêné à présent.

– Je dois te dire quelque chose…

Elle lui prend les mains, les câline.

– Ne t'inquiète pas, Éli, on ne fête rien.

Il lève sur elle un regard hésitant.

– Rien ?

– Je veux juste partager avec toi ce repas. Alors ? Oui ?

Il retrouve son sourire, boit le plat des yeux, commence à se servir…

Ils dînent en silence. Éli savoure la viande, séduit par la finesse des goûts et des sucs. Il a passé une journée de merde et ce repas tombe à pic.

Marie le regarde mastiquer. Il se régale. C'est un peu comme lui faire l'amour. Elle attrape son verre, boit, oublie peu à peu l'idée du crime, excitée à l'idée de bientôt toucher sa peau. Elle renverse sa nuque en arrière, se sert un troisième verre, décide soudain d'ouvrir la porte d'un fantasme qu'elle n'a jamais osé.

– Qu'est-ce que tu fais ?

Elle recule sa chaise, écarte lentement les jambes.

Il se lève.

– Marie, j'ai pas le temps…

Elle rouvre les yeux. Éli fait la moue.

– J'ai trop mangé, j'ai pas envie.

Elle se redresse, infiniment blessée.

– Reste là. Je vais chercher le dessert.

Elle aurait pu l'épargner, un baiser aurait suffi ! Elle jette les assiettes sales dans l'évier, sort du réfrigérateur les sorbets et les berlingots.

Elle aurait dû balancer toute la dose. Voilà son seul regret.

Elle se dépêche, réapparaît, pose les nouvelles assiettes, s'assied en face de lui.

– J'ai lu la Charte du Hamas sur Internet. Des vrais tarés, ces types !

Il la regarde, scié. Depuis quand Marie s'intéresse-t-elle à la politique ? ! Il se sert, goûte, lève sur elle un regard épaté.

– C'est délicieux.

Voilà, il vient d'avaler la dernière cuillère avec une seule idée en tête, partir, annoncer qu'il ne viendra pas la prochaine fois, qu'il a un congrès…

– Éli ?

Il lève son regard sur elle. Marie lui tend le berlingot empoisonné. Il sourit.

– Tu sais quoi ? Ma grand-mère faisait les mêmes !

Elle tremble, il ne voit rien. Elle tremble de rage, de peur. Il porte le berlingot à sa bouche, arôme caramel-vanille, le laisse fondre, ne trouve pas le courage de refuser la main que lui tend Marie. Ce qu'elle est douce ! Il ignore la raison pour laquelle cette pensée à nouveau le traverse. Mais oui, il la trouve craquante ce soir, la paix rayonne sur son visage.

– Marie, je ne pourrai pas venir jeudi prochain.

Elle ne relève pas. Il s'apprête à répéter sa phrase mais elle l'arrête d'un geste, sourire aux lèvres, comme si ça n'avait aucune importance.

– Tu aimes ?

– Quoi donc ?

Ah oui, le berlingot… Il rit de bon cœur, troublé, ému.

– C'est très bon, ma chérie.

Elle en rougit d'émotion. Il ne l'a pas appelée comme ça depuis des mois. Son air de petite fille le fait soudain rire. Elle aussi. Ils ne s'arrêtent plus. Ils pouffent. L'atmosphère s'est complètement détendue. Il cherche contenance, n'y arrive pas. Ni elle. Comme la toute première fois.

Il déglutit enfin.

Avale.

Elle a reculé la chaise et a recommencé d'écarter très lentement les jambes. Il ne bouge pas. Elle vient de lécher devant lui toutes les faces d'un second berlingot puis le lui a tendu, l'a enfoncé entre ses lèvres. Il a aimé cette audace, s'est mis à le sucer à son tour. Elle sait que, à tout instant, elle peut le perdre. Elle doit tenter le tout pour le tout.

Alors, elle recule la chaise et, très lentement, écarte les jambes jusqu'à ce que sa robe noire et moulante remonte d'elle-même sur le haut de ses cuisses. Du regard, elle lui demande de mater sa culotte blanche déjà toute mouillée.

Elle a oublié le poison. Elle a oublié la jeune fille. Il peut se lever de son siège à tout moment.

« Jusqu'où va-t-elle aller ? » se demande Éli. Il n'en sait foutrement rien et, en cela, elle lui échappe comme jamais.

Sans cesser de sourire, elle attrape avec délicatesse le

couteau à fruit, celui dont la lame est à la fois petite et tranchante et, avec un brin de nonchalance, zèbre le haut de sa robe, poussant un vague soupir. Elle se veut nymphe aux yeux d'Éli, vierge, fille de l'eau et de la transparence. La pointe de l'acier l'éveille, déchirant calmement le tissu. Éli frissonne. C'est son fantasme qu'elle expose, sa rupture d'avec le monde organisé, son trou noir. Il la laisse faire.

Le tissu craque, laissant entrevoir un peu de peau nue.

Pour reprendre Éli, Marie doit obtenir bien plus que son désir, son essence, sa terre la plus brute, quelque chose qu'il n'a pas encore donné et qu'il ne soupçonne pas.

D'un geste sec, toujours à l'aide de la lame, Marie fend sa robe au niveau de la poitrine : apparition de la dentelle du soutien-gorge. Gémissement. Marie glisse la main à l'intérieur du tissu, crève ici et là le velours qui se rétracte, se tord, se déchiquette, offrant, sous les entailles, la matière immaculée de la peau, sa lumière, sa tension. Éli sue. Marie lui tend le couteau et, dans un murmure, ordonne :

– Fais-le à ma place maintenant.

Longuement, il scrute la lame scintillante de ce jeu étrange puis, troublé par cette fièvre qu'il sent monter en lui, s'en empare. Marie lui agrippe la main et l'oblige à passer à l'acte. Éli vacille, touche de la pointe du couteau la nuque de Marie, déchire, le long du torse, le reste de la robe, laissant, sur la peau, un sillon à peine rouge. Elle crie un peu, l'excite, et comme il aime cela ! Il atteint l'élastique de la culotte, se met à le piquer avec un brin de sadisme. Il force Marie à l'implorer, lacère les bas, incise la chair ! Nuque renversée, Marie supplie, offrant sa peau à l'acier. Stries. Lamentations.

Éli bande dur. Ses yeux ne la quittent plus. Il lui est difficile de ne pas la fendre, là, tout entière. Il déboutonne son jean, et, devant elle, commence à se branler.

Marie écarte encore plus les jambes. La main d'Éli sur son sexe dressé la bouleverse. Elle se cambre. D'un coup sec, il tranche la première puis la seconde bretelle du soutien-gorge : jaillissement des seins, tétons durcis.

Éli se met à jouer du plat de la lame sur le tissu cotonneux de la culotte, l'essuyant, la retournant, appuyant avec force sur les orifices, obligeant Marie à lâcher une succession de cris plaintifs. Jamais elle n'a été aussi scandaleuse : putain à la robe déchirée, femelle aux bas tailladés, obole sacrificielle que seule l'immensité du ciel peut, à cet instant de ferveur, reconnaître et glorifier. Jamais il n'a été si animal. Sous les loques, le corps de Marie respire par à-coups violents. Éli plaque la paume de sa main gauche sur sa bouche. Elle se débat, mord la main qui l'empêche de crier, mais avec brutalité, et sans relâcher la moindre pression, il sectionne de son autre main l'élastique. Éruption de la vulve.

Entièrement défaite, nue, Marie pousse un cri, Éli lâche le couteau.

– Suce-moi !

Elle n'obéit pas. Il approche alors son sexe au plus près des lèvres de Marie,

– Suce-moi, s'il te plaît ! Suce !

Elle a toujours dit oui mais là, bloquée par les genoux d'Éli, Marie n'obtempère pas. Il faut qu'il aille plus loin, devienne à la fois le dévorant, l'intime, le pieu. Qu'il déborde.

Éli hésite, si excité que sa queue lui fait mal. Il l'enfonce contre les lèvres serrées de Marie, s'essuie dessus, se branle dessus. Marie tient bon. Fou de désir, Éli lui tire les cheveux.

– Ouvre ta bouche !

Il est au bord de la forcer. Marie geint, secoue la tête. Il lui relève le menton, lui file une claque.

– Suce, je te dis !

Du regard, Marie implore une deuxième baffe : jeu de bascule. Éli comprend, il bande, il comprend. Alors, sans aucun contrôle sur lui-même, il se met à la gifler, jouissant furieusement de cette domination.

– Sale petite pute ! Tu aimes ça en plus ! Tu en redemandes, hein ? Hein ?

Elle le supplie des yeux. D'arrêter, de continuer. D'être à jamais l'aberrante contrepartie de son désir, fol accomplissement de l'union de son âme, moitié d'elle, moitié de sa chair, moitié de sa vulve et de son cul, neige éternelle. Il devient dingue.

– Suce ou je vais te faire très mal !

Elle ne suce pas, attend le nouveau déluge de coups, le crachat sur sa figure, sa verge contre sa peau tel un fouet. Elle ruisselle. Il est au bord de l'hystérie, s'empare de ses poignets, la fait tomber à genoux.

– Je vais te punir, Marie.

Elle se met alors à crier, et plus elle crie, plus il frappe. Jamais elle ne l'a senti aussi bestial. Il la contraint de se mettre à quatre pattes, lui attache les mains, écarte ses fesses, l'empale. Marie hurle. Une fois, deux fois puis, brutalement, sort d'elle, la retourne, la fixe du regard.

– T'en veux encore, hein ? Dis-le que t'en veux encore ?

Marie fait oui de la tête, soûle. Il enfonce sa queue partout, dans le vagin, la bouche, le cul, la tourne et la retourne. À chaque fois, elle est au bord de jouir. À chaque fois, il l'en empêche.

– Tu es ma putain, dis-le !

Il l'oblige à répéter deux fois, trois fois, cinq fois. Elle a mal partout, il la gifle, perd toute raison. Les yeux exorbités, le corps couvert de sueur, il enfouit les doigts dans son cul alors qu'une dernière fois il la pénètre, allant de plus en plus vite, cherchant à s'enfoncer au plus loin. Elle va jouir. Elle va hurler de plaisir.

Elle hurle. Il plaque sa main sur ses lèvres. Elle se

débat, réussit à se dégager, hurle encore plus fort. Il ne trouve pas la force de la faire taire, il éjacule lui aussi, par le cri, dans le cri, à travers le cri de Marie.

Et il s'affaisse.

Murmure du poison dans le corps du damné. Il est parti, a refusé de passer la nuit avec elle. Reviendra-t-il ? À grandes eaux, elle lave l'appartement. Elle commence par les sols. Demain, elle ira acheter de nouveaux draps, une nappe au motif de l'Arbre de Vie, une seconde robe moulante, un service d'assiettes en porcelaine rouge. Reviendra-t-il ?

Au boulot, Sanchez l'observe, déconcerté. Elle ouvre la porte de son bureau, le salue comme avant, s'empare des quatre dossiers qu'elle ignore depuis des mois et qu'il a dû reprendre à son compte. Que se passe-t-il ? Qu'il se rassure. Marie ne calcule rien. Marie ne complote pas. Elle s'est simplement réveillée, folle de colère, pleine de honte. Ces marques des coups d'Éli sur son corps valaient bien une nuit contre elle. Mais non. Il a dit non. Il ne sait que proférer ce mot-là. Elle le hait soudain. Et le haïr lui donne, pour la première fois depuis longtemps, envie de bosser efficacement. Pourquoi mourir à sa place alors que le poison fait déjà son chemin ? Pourquoi se laisser frapper le visage, pourquoi se damner, alors qu'il se damne tout seul, son Éli, sans reconnaître la beauté de l'amour qu'elle lui voue ? Il a passé la nuit avec la jeune fille. Aucune preuve, mais un pressentiment qui, ce matin, à l'agence, lui donne des ailes pour traiter avec la clientèle.

Trois contrats assurance vie. Ça fait un bail qu'elle n'a pas atteint ce niveau de rendement. Tous la félicitent, Sanchez le premier. Elle les remercie. C'est eux qu'il faut récompenser. Eux, les maîtres de son monde. Un monde de l'efficace, de la logique, du résultat. Éli n'est pas de ceux-là. Elle, oui. Éli doit mourir. Éli doit être piétiné.

Elle ferme les yeux, elle l'imagine.

Il marche dans la rue, pense au sourire idiot de ses étudiants, triture des doigts la liste de courses que Dina lui a glissée dans la poche. Il ne se doute pas de la mort déjà présente en lui. Il cherche un magasin, se demande pourquoi, oui, vraiment pourquoi, il a eu tant de plaisir à la battre, et pourquoi dorénavant tout son corps la réclame. Comme c'est étrange. Il souhaitait tant la quitter ! Il traverse la rue. La seule pensée qu'il aurait pu, la veille, la blesser le fait rougir. Rien ne l'a préparé à un tel chaos. Il sort une clope, se remémore la peau des cuisses bleuies de Marie. Il soupire, inquiet de l'ampleur du ciel au-dessus de sa tête. Il la désire, Marie. Il la désire avec son couteau et sa robe déchirée.

Il entre dans le premier magasin, aide une petite dame à remplir son caddie. Elle le remercie d'un large sourire. Il lui tourne le dos. Il a si honte, Éli. Il espère tant de choses. Et rien.

Jamais il n'a rappelé aussi vite. Sa voix est si douce qu'elle lui pardonne d'emblée sa fuite nocturne. Elle aurait peut-être dû se montrer plus câline, plus prévenante, moins exigeante.

– Je veux te revoir. Demain soir, c'est possible ?

Il faudrait lui demander si c'est pour la quitter ou pour une fois encore l'aimer à coups de gifles.

– Demain, oui, vingt heures.

Elle raccroche, file à la cuisine, se prépare un café. Il veut peut-être rompre et, là, il faut vraiment trouver une parade. Mais si c'est pour la retrouver, s'il la désire à nouveau ? À la seule idée qu'il ait, dès le matin, pris son téléphone, Marie rit et tremble.

– Allô, Julia ?

– C'est toi Marie ?

– Dis-moi, t'es libre demain soir, je t'invite… enfin, je vous invite. J'organise un dîner.

– Un dîner ? Mais qu'est-ce qui se passe ?
– Je l'ai viré, Julia.
– Tu me laisses deux secondes, faut que je me défoule, ça fait trop longtemps que j'attends ça ! Bouche-toi les oreilles !... Yaouououou !
– T'es con, Julia.
– J'apporte du champ, OK ? On sera combien ?
– Je ne sais pas, j'ai laissé un message à mon boss, à Natacha et à quelqu'un que tu ne connais pas, un prof...
– J'hallucine ! Je peux dire à Marc de venir ?
– Marc... ? Oui, pourquoi pas, bonne idée.

Marie raccroche, appelle immédiatement Sanchez, laisse un message à Nat, s'affale sur son canapé : son dîner sera pimenté, multicolore, puissant et parfumé...
Pour commencer, un laksa de crevettes servi dans des bols individuels (les bleu turquoise feront l'affaire, ils se marient parfaitement aux couleurs de sa nouvelle nappe). Puis, un curry vert de coquilles Saint-Jacques, crabe et langoustines, agrémenté d'un riz basmati parfumé à la rose et à la cardamome. Pour les boissons, du lassi et du vin. En touche finale, un sirop à la fleur de badiane, à la vanille et à la cannelle dans lequel elle va faire pocher poires et pommes épluchées. Avec une glace à la vanille, c'est un régal, tout le monde en redemande.
Elle dévale l'escalier comme une gamine, se préci-

pite dans la rue, rayonnante, sautille par-dessus les flaques. Ça fait combien de mois qu'elle n'a pas mis les pieds chez Samuel, son épicier favori, empereur des goûts et des légendes ? Samuel, c'est un vinaigre de safran, une huile de noix de cajou, un sucre au pain d'épices, un pain à la violette, des spaghettis à l'encre de seiche. Il se souvient de tous ses clients et n'hésite pas à abandonner sa boutique pour dégotter un nouveau poivre. Dans le quartier, on lui voue un véritable culte. Marie pousse la porte. Il est heureux de la revoir. Marie ne peut s'empêcher de rire : c'est si drôle tout à coup de se retrouver à l'intérieur du monde.

Manifestement, elle ne souhaite pas donner d'explication sur sa longue période d'absence. Il comprend, change de sujet.

Pour la pâte de curry, il lui propose six feuilles de citron kaffir qui, à la sauce, donne une saveur incomparable. Elle les porte à ses narines, cherche à s'en rappeler l'odeur. Elle décide de choisir elle-même ses piments et pointe du doigt l'endroit où il faut couper la racine de galanga. Samuel est surpris. Auparavant, jamais elle n'affichait de telles certitudes et se laissait plus volontiers conseiller.

De l'amertume ? De la souffrance physique ?

Elle tournique autour des étals sans rien choisir. Il la regarde tâter les échalotes rouges de Chine et vérifier trois fois de suite la fermeté des tiges de citronnelle. Il s'interdit tout commentaire, elle est revenue, c'est le principal. Samuel ne viole jamais l'intimité de ses clients. Il ne vit que pour eux. Dans sa vie d'épicier, le silence et l'observation lui ont toujours apporté les réponses.

Au moment de se quitter, il salue Marie. Elle n'a pas vraiment mauvaise mine. Elle s'éloigne, il soupire et allume la radio. Nouvel attentat en Irak. Quarante victimes dont trois dignitaires chiites qui, ce jour-là, finissaient justement de faire leurs courses.

Chargée comme un baudet, Marie fait irruption dans sa cuisine. Elle balance ses sacs, se laisse tomber sur une chaise. Elle est allée trop vite. Éli va mal réagir. Impossible de jouer à la fille qui vient juste de le rencontrer. Ce piège est une impasse. Il n'est pas homme à se laisser manipuler. Il va sortir de ses gonds, l'insulter, la couvrir de honte. Marie frémit. Si, en plus, Julia découvre qu'elle a menti, elle ne le lui pardonnera pas. Quant à Sanchez...

Non. Elle doit réagir, prévoir, contrecarrer. Si Éli se fâche, elle le prendra avec humour. Pareil pour Julia. Pas si sûr... Marie panique. Un mot violent d'Éli, et elle s'écroule. Elle ferme les yeux, imagine le pire : Vous savez comment elle baise, Marie ? Non ? Vraiment ? Alors laissez-moi vous raconter, c'est tellement surprenant ! Tellement drôle et pathétique !

Marie rougit de honte. Éli va la massacrer et ça sera de sa faute. Décommander ? Elle jette un œil sur le téléphone, son regard dévie sur la petite boîte de trioxyde d'arsenic. Elle aurait dû y penser plus tôt ! Un simple geste suffirait, du poison dès le hors-d'œuvre. Alors, il ne pourrait plus l'atteindre, elle aurait pitié de lui, il ne pourrait plus la démolir.

Oui, c'est la bonne idée. La seule.

Marie déballe les sacs, sort les piments, les fait tremper vingt minutes dans de l'eau chaude. Elle les mixe avec de l'oignon, un morceau de racine de galanga, la moitié d'une tige de citronnelle, de la pâte de crevette, du curcuma en poudre et de l'huile.

Ses mains prennent une teinte jaunâtre, elle ne les lave pas. Ce contact avec les aliments lui redonne confiance. Sur le plan de travail, elle jette les crevettes et se met à les décortiquer avec soin. Il lui faut retirer le boyau excrémenteux qui longe le dos du crustacé sans en déchirer la chair. Marie s'attelle à la tâche avec patience et calme. La recette est longue et tant mieux. Elle aime revenir à ces gestes de femmes d'antan, soumises et rondes, qui, à bras-le-corps, plumaient la volaille, touillaient les laits, pressaient les fruits, imperméables à la fureur extérieure du monde. Marie réserve les têtes et les carapaces, les fait revenir dans la grande poêle en fonte qui pèse si lourd. Très vite, l'ensemble prend une couleur feu qu'elle admire. Cette couleur sera celle de son repas. Un repas d'étincelles, de terre ocre, de crépuscules, de pollens, pupilles de chat scintillant dans la nuit. Un repas de fête et de retrouvailles. Un repas pour leur âme à tous deux, leur baise, leur émotion. Un repas meurtrier.

Elle fait griller les graines de coriandre, de cumin et de poivre noir, veillant à en extraire le maximum d'arôme sans toutefois les calciner. Quand elle juge bon d'éteindre la flamme, elle retire d'un geste vif la poêle de la gazinière, fait basculer son contenu dans le mortier. Pilonner, comme elle aime cela ! Les graines s'offrent au broyeur sans résistance exhalant des parfums de plus en plus intenses. Elle décide de ne pas se presser. Aucune écorce ne doit être laissée intacte. C'est le jeu. La condition. Ses mouvements se font saccadés. Les graines, une par une, éclatent dans un crépitement qui rappelle celui du feu qui démarre. Non sans un plaisir étrange, Marie achève de les broyer comme s'il ne devait plus rien rester de leurs coques. Or, très vite, il ne reste plus rien. Seule une poudre, qu'elle continue, longtemps, dans la nuit, d'écrabouiller.

Sanchez et son épouse arrivent les premiers. Marie, sur son trente et un, les débarrasse de leur manteau, leur propose d'attendre les autres avec une coupe de champagne. La femme de Sanchez, timide, s'enquiert du nombre de personnes attendues. Marie tente de la rassurer en la complimentant sur sa tenue, avoue qu'elle-même n'a pas organisé de dîner depuis longtemps, et, jetant de brefs coups d'œil à Sanchez, en profite pour expliquer qu'elle revient de loin, que leur présence à tous deux, ici, dans son appartement signifie beaucoup, que ceux et celles qui débarquent sont tous des gens simples.

– Julia est une amie d'enfance, elle travaille dans la mode. Frédéric, son fiancé, travaille, lui, chez France Telecom. Marc, un ami de longue date, est ébéniste. Éli est prof de sciences éco à la faculté de Jussieu. Je viens juste de le rencontrer.

Sanchez fait passer les cacahuètes, en avale une vingtaine à la suite. On sonne à la porte. Marie, le cœur battant, ouvre. Ouf ! C'est Julia et Fred. Pour que son plan fonctionne, il fallait qu'ils arrivent avant Éli et c'est chose faite. Elle les présente aux Sanchez, annonce que Julia attend un bébé, ce qui dénoue les conversations. Nostalgique, Mme Sanchez évoque ses propres grossesses : ces mois merveilleux où même des inconnus la félicitaient dans la rue.

On sonne de nouveau.

Marie s'empare du plateau, bafouille qu'elle doit aller à la cuisine, demande à Julia d'ouvrir. Éli croit s'être trompé d'étage. Il commence à faire demi-tour mais Julia le retient en s'exclamant :

– Entrez donc, tout le monde est impatient de faire votre connaissance !

Marie l'entend traverser le couloir. C'est le moment d'apparaître avec son plateau de mini-canapés chauds. L'air faussement détendu, elle surgit, croise son regard défait, l'embrasse sur la joue comme un vieux copain.

– Éli ! Tu me pardonnes de ne pas t'avoir ouvert ? Attention, madame Sanchez, c'est brûlant !

Il est vraiment désemparé et qu'est-ce qu'il est beau.

– Éli et moi avons fait connaissance de la plus drôle des façons ! Il y a deux semaines, je roulais sur les maréchaux, il pleuvait. Une voiture a freiné devant moi, je l'ai percutée. C'était la sienne ! En remplissant le constat, nous nous sommes découverts cousins ! Bon !

Cousins très éloignés, certes, mais cousins ! Bizarre, non ?

Éli est livide. Marie lui lance un regard amusé.

– Attendez ! La coïncidence ne s'arrête pas là ! Sa tête me disait quelque chose ! Ça m'est revenu tout à coup ! Bien sûr, c'était à l'agence que je l'avais croisé.

– Un client de l'agence ? s'exclame Sanchez.

Éli, au bord du gouffre, se contente de hocher la tête. Coup de sonnette. Marie s'élance dans le couloir.

– Ça doit être Marc !

Il tient dans ses mains un bouquet. Ça fait bien cinq ans qu'ils ne se sont pas revus. Elle l'avait quitté en l'accusant de ne jamais prendre les bonnes décisions, de toujours faire le guignol au moment de parler des choses sérieuses. Il a minci, coupé ses cheveux, a gagné, dans son regard, en maturité, en assurance.

– Tiens, des roses Élisabeth. Celles que tu préférais.

Il la dévisage, ému.

– Tu es divine !

Elle lui sourit, ravie. Ça fait longtemps qu'on ne lui a pas dit de choses aussi gentilles.

Marc salue l'assemblée. Il prévient, c'est pour Marie qu'il est venu.

– En somme, je me fous complètement de vous tous !

Rires. Éli se raidit. D'où vient ce mec ? Marie lui a toujours si pleinement appartenu. Depuis tous ces mois, il ne lui connaît pas d'amis, aucune famille, encore moins un prétendant ! Marie l'observe du coin de l'œil. Plus Marc l'encense, plus Éli se recroqueville. Mme Sanchez prend cela pour de la timidité. Elle se jette à l'eau :

– Allons-nous vers une guerre en Iran ?

Marie les fait passer à table.

Éli ne bronche pas, écoute d'une oreille distraite les opinions de Mme Sanchez sur les territoires occupés, observe Marc qui, ouvertement, déclare sa flamme à Marie, tente de trouver contenance, le pire étant à venir. Car Marie ne peut l'avoir attiré dans un tel piège sans une idée derrière la tête. Mais laquelle ? Et pourquoi ?

Elle offre un bol de laksa à chacun des convives, expliquant, en connaisseuse, qu'il s'agit d'un plat thaïlandais fait maison, comme tout ce qui va suivre. Marc y goûte le premier, admiratif. Éli y trempe les lèvres et fait la grimace. Marie se fige. Le goût du piment ? Le goût du trioxyde ?

Dans la cuisine, tout à l'heure, elle n'a pas osé jeter dans son bol une cuillère pleine de poudre. Si, au moins, il s'était révolté ! Mais rien.

– Tu veux de l'aide ? crie Julia du salon.

Montée d'adrénaline.

– On te rapporte les coupes, OK ?

Bruits des pas de Julia qui se rapproche. Marie se débarrasse en vitesse des gants, les fourre dans un tiroir… ! La porte s'ouvre. Julia apparaît, souriante :

– T'es sourde ou quoi ?

Elle a juste eu le temps de jeter une pincée.

– Désolée, j'entends rien avec la hotte !

Julia remarque la boîte.

– Encore une de tes épices secrètes !

Marie essaie de rire. Julia s'approche, l'embrasse.

– Si tu savais le bien que ça me fait de te voir à nouveau speed !

Elle fait demi-tour. Marie se décompose. À quelques secondes près, Julia l'accusait de meurtre… Pour se calmer, elle ouvre le robinet d'eau chaude, y laisse tremper ses mains un bon moment, jusqu'à ce que les invités s'impatientent.

– J'arrive !

Est-elle un monstre ?

La façon qu'Éli a de porter à ses lèvres le bol qu'elle lui tend la bouleverse. Ce mal qu'elle est obligée de lui faire… Cuillère après cuillère, il avale poliment, le front plissé, cherchant, sans le trouver, un sens à ce dîner surprise. Sanchez ne remarque rien, ni Julia, trop heureuse de retrouver « sa » Marie qui, soudain, se lève pour débarrasser. Elle contourne Éli, lui effleure la nuque. Il ne réagit pas, se tourne vers Frédéric et, très sérieux, demande si l'illisibilité des factures Telecom cache un quelconque sens commercial. Frédéric éclate de rire. Marie sort.

Elle le regarde depuis la cuisine. Il mange, ça ne suffit pas. Elle a envie de le serrer contre elle. Toucher son sexe. Elle revient avec son curry aux fruits de mer, le pose au centre de la table sous les cris enthousiastes. Elle croise son regard. Elle est vraiment faite pour lui. Elle sert copieusement chaque assiette, se laisse frôler la main par Marc. Éli baisse les yeux. Jaloux ? Dégoûté ? Il se tait. Il devrait sortir de ses gonds, la blesser, l'humilier. Mais rien, il ne fait rien. Il flotte. Et Marie se demande si le secret de son amour pour lui ne réside pas dans ce flottement qui l'émeut au-delà de tout.

Salade de pommes-poires à la cannelle. Marc raconte qu'il est capable, oui, de faire la copie de n'importe quel meuble en bois et, mieux encore, de n'importe quel objet… Julia applaudit. Sanchez, jaloux, récite une fable de La Fontaine. Marie et Julia piquent un fou rire. Frédéric imite la chouette hulotte. Mme Sanchez se lève, demande la permission de chanter du Brel. Vers une heure, on finit par se lever de table.

Les Sanchez prennent congé en premier. Puis c'est au tour de Julia et de Fred. Marie respire quand elle comprend qu'ils ramènent Marc.

– Je peux te rappeler demain ?

Il lui a caressé la joue. Elle lui sourit. Pour rien au monde, elle ne voudrait qu'il comprenne. Marc lui tourne le dos, rassuré. Marie referme la porte sur lui.

Éli l'attend dans le salon. Elle fait un détour par la cuisine, récupère une bouteille de champagne, s'arrête quelques secondes sur le pas de la porte, trouve le courage d'entrer. Il se lève brusquement.

– Pourquoi ce dîner, Marie ?

Inutile de tricher. Éli est trop intelligent.

– Je ne voulais pas que tu me quittes, j'ai trop besoin de toi.

Il se trouve con.

– Lâche mon bras, tu me fais mal.

C'est presque un ordre. Ça le surprend.

– Tu aimais ça l'autre jour…

– Lâche mon bras, tu me fais mal, Éli.

Éli obéit, décontenancé.

– Tu ne veux pas ?

Marie perd pied. Il a parlé si doucement.

– Je ne sais plus où j'en suis, Marie. Ma femme est hystérique. Mes étudiants sont de plus en plus nuls.

– Pourquoi tu me dis ça ?

– Je ne sais pas, j'ai mal au ventre.

Marie blêmit.

– C'est juste une crampe, Marie, t'inquiète pas. Ça va passer.

Marie, affolée, essaie de se rappeler ce qu'elle a pu lire au sujet des antidotes, mais c'est le trou noir. Elle tressaille. Elle n'a pourtant utilisé qu'un vingtième de la dose, un petit vingtième…

– Viens, s'il te plaît. J'ai besoin que tu me caresses.

– Tu veux un verre de lait, Éli ? C'est bon, le lait, pour les maux de ventre.

Décidément, ce soir, Marie le désarçonne.

– Un verre de lait ? Mais non. Tu bois du lait, toi, quand tu as mal au ventre ?

– Oui, et ça marche, tu sais.

Il s'amuse à la contempler, si inquiète. Comme il a été con de vouloir rompre ! Marie l'aime d'un de ces amours qui fait du bien. Il l'attire à lui. Ce soir, pas question de coups. Il n'a plus la force, même si l'idée de la fesser l'excite fort. Marie ferme les yeux, ensevelissant en elle le souvenir du poison. Elle s'approche de son visage, se met à le lécher. Il aime sur sa peau le contact de cette humidité. Elle tire légèrement sur le décolleté de sa robe, en sort l'un de ses seins.

– Bois, prends.

Il tète, il aspire. Marie a un peu mal, mais de cette douleur d'épine qui stimule le désir. Il laisse sa bouche dériver sur la mamelle, en secoue le téton comme pour en tirer la dernière goutte. Il l'étreint enfin, a pour Marie un regard d'une infinie gratitude. Alors, elle se dénude devant lui, le chevauche, se cale sur son ventre. Sous elle, le sexe d'Éli durcit. Elle fait sauter les boutons de son jean, sort la queue déjà raide. Elle la soupèse, l'enrobe, la caresse avec une sorte de compassion. Éli veut parler. Le regard de Marie sur son sexe le trouble, elle ne fait plus qu'un avec lui. Marie et sa queue. Marie et sa bite, sang et lumière de la bête odieuse, bénie.

– S'il te plaît, arrête.

Elle continue de le câliner, perdue dans sa contemplation, mère qui touche le sexe de son enfant endormi. Il débande.

– Marie ?

Elle secoue la tête. Ce bout de chair fripée, c'est elle.

– Un jour, Éli, promets-moi, tu regarderas ma vulve comme je regarde ton sexe.

Il ne saisit pas ces mots, la trouve soudain triste. Elle crache un peu de salive sur le sommet du gland, s'amuse à y dessiner des ronds. Le fait qu'il débande ne l'a même pas gênée. Il en est très ému. Elle crache de nouveau. Rassuré qu'elle ressente encore du plaisir à le toucher alors qu'il est mou, Éli, sous les caresses, s'endort.

Quelle heure peut-il bien être ? Éli s'éveille sans tout d'abord reconnaître l'endroit où il s'est assoupi. Marie, nue, dort à ses côtés. Elle n'attend rien. Éli la contemple, plus seul que jamais. Il songe à Mila, son étudiante. Pourquoi sort-il avec elle ? Sa fougue ? Son regard, l'élasticité de la peau de ses cuisses ? Il ne sait plus qui il aime, essaie, dans la pénombre, de reboutonner sa chemise, se demande si « aimer » est un verbe pour lui. Il y croit toujours la première fois qu'il fait l'amour, mais juste après l'orgasme, à observer sa semence répandue sur leurs poils, il doute. L'acte amoureux devrait l'embarquer ailleurs. Il jouit et rien n'est réparé. Il voudrait qu'on le happe. Qu'on l'empoigne comme il a empoigné les cheveux de Marie.

Dans ses rêves les plus braques, il est une femme, il écarte ses jambes, il se fait pénétrer, il reçoit. Mais comment parler de ça. Répliquer à Dina qui s'énerve : Si j'avais un vagin, je te serais fidèle, si j'avais un espace en moi où garder au plus intime la semence...

Il hausse les épaules. Dina ne comprendrait rien. Et puis Marie dort. Pour rien au monde il ne souhaiterait qu'elle ouvre les yeux. Regarder quoi ? Lui, Éli ? Leurs deux corps séparés ? Il préfère terminer de se rhabiller, partir. Qui remarquera quoi ?...

Il claque doucement la porte, pense à ce Marc si sûr des conséquences de son désir, décide de descendre une à une les marches sans allumer la lumière, flûte, il a oublié son briquet, il appellera demain pour qu'elle le mette de côté.

Marie s'éveille. D'où lui vient cette douleur ? D'un regard, elle comprend qu'Éli est parti, l'abandonnant pour la dixième fois. Sa femme et sa fille sont encore au ski, c'est donc l'autre, l'étudiante aux cheveux noirs... Elle secoue la tête, fatiguée soudain d'attendre. Elle écarte les draps, sort du lit. Prendre un bain, encore ?... Courir après lui ? L'appeler ? Lui dire qu'elle sait tout ? Ta femme, c'est moi. La fille aux cheveux noirs et longs, c'est moi. Ta maison, c'est moi. Ton enfant, c'est moi. Elle se met à rire.

– Lamentable !

Elle se rallonge, lèche l'intérieur de sa main, l'enfonce dans son sexe. Elle ne sent presque rien, se recroqueville. Il pleut dehors. Elle se caresse encore un peu, se relève, va se faire un café dans la cuisine. Il y a de la vaisselle partout. Elle soupire, remplit l'évier, nettoie les assiettes. Dehors, il pleut toujours. Elle attrape la pile de bols, suspend ses gestes. Le trioxyde ! Elle doit l'appeler, prendre au plus vite de ses nouvelles.

– Allô ?

Sa voix. Il va bien, elle raccroche, confuse, retourne dans la cuisine, boit son café. D'un côté, le trioxyde lui offre du pouvoir. De l'autre, il l'éreinte. Éli continue de fuir. Elle ne glisse plus nulle part. Jusqu'à quelle dose ira-t-elle ?

Il n'a pas appelé depuis sept jours. Marie, défaite, revient à la surface du monde; à quoi bon mourir s'il ne l'aime pas ? Elle marche, se laisse envahir par le bruit de la ville, pense à l'étudiante pour lequel Éli n'est qu'un sexe de plus. Rien de vertigineux là-dedans. Une gamine qui crâne devant ses amies parce qu'elle sort avec un vieux, professeur de surcroît ! Marie l'exècre. Au boulot, devant un Sanchez médusé, elle se remet au travail, libérant, jour après jour, une énergie plus radicale. Toute la journée, collée au téléphone, elle informe ses meilleurs clients de l'excellente « santé » des placements Cerise puis, dans la foulée, annonce d'une voix enthousiaste le taux record des opérations Renard, l'offre exceptionnelle, la gratuité des frais de dossier pour toute souscription avant la fin du mois.

Elle libère sa langue. Elle libère son sourire. Elle libère ses robes sur ses hanches. Tout est bon : l'histoire de ces maisons qui s'écroulent sans qu'on n'ait pu le prévoir, les enfants qui ne trouvent pas de travail malgré leur bac + 5, la perméabilité des frontières, l'explosion démographique, les ouvriers chinois payés trente centimes d'euro de l'heure.

– Que voulez-vous faire contre cela ?

Ce monde avale, ce monde engloutit.

– Il est trop grand, trop mûr. Fragile comme les fleurs de cerisier, pourri aussi.

Un placement sûr au cœur de cette révolution globale, c'est la seule façon de ne pas se faire bouffer.

– Et si j'ai besoin tout à coup de mon argent ?

– Avec le module Adapt, vous pouvez retirer à n'importe quel moment les sommes que vous souhaitez.

Elle fait silence sur l'augmentation en flèche des taux d'intérêt en cas de non-remboursement des sommes dans les six mois suivant leur emprunt. Elle vend. Le client signe.

– Vous avez raison, tout fout le camp !

Marie hoche la tête, adhère à toutes les angoisses. Le temps passe. Elle ne se frotte plus aux murs, ne mord plus la peau douce de ses bras.

Dimanche.

Éli n'a toujours pas appelé. Pour la première fois depuis près d'un an, elle accepte de se rendre à un déjeuner de famille. Ne plus être celle qui attend mais celle du paraître, de l'achat, de la pluie qui mouille les cheveux. Elle arrive un peu en retard, ils sont tous déjà là : Christelle, sa mère aux cheveux teints et aux robes impeccables, Albane et Johanna, ses sœurs, les maris effacés et les enfants polis. Personne ne fait de remarques. Leur a-t-elle seulement manqué ?

On passe à table.

Par pointes d'humour, sa mère essaie de détendre l'atmosphère. Marie fait de son mieux pour l'aider, s'excuse de ne pas avoir donné de nouvelles, souligne qu'elle ne voulait faire de mal à personne. Pensifs, ils l'écoutent. La doyenne lui fait signe de ne pas insister. Johanna aimerait bien intervenir. La façon dont Marie les snobe depuis huit mois est inadmissible. Dans la cuisine, entre deux plats, elle explose :

– Le mal que tu fais à Maman ! Et aux autres ? ! T'es qu'une égoïste, Marie !

Albane les rejoint.

– C'est bon de te revoir, tu sais.

Marie ne sait pas, elle, si c'est bon ou carrément insupportable. Le chagrin est si profond dans les yeux de sa mère. Un chagrin de peau usée et d'os.

Les maris servent la viande. Marie les regarde, émue. À l'autre bout de la table, le sourire d'Albane manque la faire pleurer. La tendresse des maris aussi. Et même la dureté de Johanna.

Ils déjeunent. Marie découpe son entrecôte, porte les morceaux à sa bouche. Sa mère la remercie du regard. Marie, tendre, lui envoie un baiser de la main. Les autres font mine de l'ignorer, trop surpris ou trop blessés. Le sang de la viande s'écoule dans l'assiette, épais, rouge : son sang à lui, bien sûr, prix de sa trahison. Elle y plonge l'index, le contemple avec un premier vrai sourire. Effarement non joué de Johanna. Aboiement de Piotr, le chien. Pluie.

Il est cinq heures passé. Marie les quitte. Les enfants, dans la chambre, jouent à la Play Station. Les adultes, eux, discutent politique. La rue est silencieuse. Elle rebranche son portable. Aucun message. Perte de sens.

Elle est belle d'être enceinte Julia. Marie l'envie. Comme par le passé, elles sont allées s'asseoir sur le canapé avec un verre de blanc en guise d'apéro. Le bébé ne bouge pas ; un pull à maille turquoise l'enrobe. « Il est bien », se dit Marie. Julia, silencieuse, la dévisage avec un petit rire confus.

– Quoi ?

– Rien, ça me fait drôle, c'est tout. C'est fou ce que tu es de nouveau belle.

Marie sourit, touchée.

– Je ne suis pas la seule à le dire. Je crois que Marc cherche désespérément à te joindre.

Marie soupire.

– Il est trop impatient.

Julia s'arrête de boire, la fixe des yeux.

– Tu me le jures, Marie, c'est bien fini ton histoire ?

Un flottement. Julia insiste.

– Jure-moi.

– Je te le jure, Julia.

– Tu me le diras un jour son nom ?

Marie secoue la tête, fixe les toits rouges par la fenêtre. Depuis combien de temps n'a-t-il pas donné de nouvelles ? Julia se met à lui caresser les cheveux.

– Ça a été dur pour moi.

Marie croise à nouveau son regard.

– Tu m'en as voulu ?

– Oui.

Elle est belle cette sincérité, belle à faire mal. Marie baisse les yeux et, devant son trouble, Julia corrige le tir. Elles auront tout le temps d'en discuter de cette histoire…

– Le prof que t'as invité l'autre soir, tu le revois ?

Marie, décontenancée, se fige.

– Oui… enfin… non.

– Je l'ai trouvé plutôt sympa, moi.

Tension.

– Oh, pardon, Marie, je suis vraiment trop conne ! J'arrête avec les mecs ! Promis, on n'en parle plus.

En Marie, tout se relâche. Ses yeux glissent sur le ventre rond de Julia.

– Ça te fait pas peur des fois ?

– La nuit, oui. J'ai peur qu'il parte de moi, de me réveiller vide…

Marie se tait. Julia pose la tête sur son épaule.

– Je peux te caresser la joue ?

Marie acquiesce. Cette odeur de peau, elle l'avait

oubliée. Julia l'enlace, l'embrasse soudain sur les lèvres. Marie se laisse faire. Le baiser dure, Julia s'écarte, radieuse.

– Tu m'aideras pour les courses ?

Marie acquiesce pour la seconde fois, elle aimerait tant que Julia l'embrasse encore. Alors, elle lui avouerait tout. Mais Julia est loin.

– Quand t'étais avec lui, tu pensais à moi ?

– À peine.

Un silence.

– C'est moche, Julia, je sais... Je suis moche.

Julia, espiègle.

– Tiens, oui, j'y avais pas pensé.

Elles se regardent, se mettent à rire, s'enlacent.

– Dis-moi que je suis belle, Marie.

– Tu es belle, Julia.

– Dis-moi que je suis une maman de rêve.

– Tu es une maman de rêve.

– Une femme de rêve.

– Tu es une femme de rêve.

– Embrasse-moi sur les joues... sur les lèvres... Oui, comme ça... Ne pars plus, Marie. Ne pleure pas, s'il te plaît. Pourquoi pleures-tu ? C'est nous ? C'est lui ?

Marie danse. Éli vient de laisser un message. Il va venir, il ne sait pas quel jour de la semaine prochaine mais il vient, c'est sûr.

Elle lui manque.

Marie repasse le message en boucle et sa voix chaude recouvre le CD de Cinematic Orchestra, « Evolution ». Elle ôte son pull, retire ses bottes. Elle se déhanche face au miroir, cheveux défaits, libres. Elle se cabre, renverse la nuque, valse. Il lui faudrait des tambours et des cymbales. Elle s'allonge sur le sol, contemple le plafond, oublie la vieille d'en haut, oublie sa solitude. Elle aime terriblement la vie soudain. Elle roule sur elle-même. Dehors, des sirènes saluent la dispersion d'une manif. Marie s'en fout, elle pense déjà à ses courses, aux menus. Elle passe en boucle le message d'amour, caresse les murs, astique les casseroles, les poêles, l'écran de la télé, le pot à eau.

Aujourd'hui, à l'agence, elle a vendu cinq contrats.

Elle a pris le métro. Au croisement des boulevards, elle a attrapé le bus 58. Une fois chez elle, elle a vérifié ses comptes via Internet puis, sur E-bay, a craqué pour une combinaison noire Chantal Thomass, taille 38. Nous sommes en 2007. Marie existe depuis la nuit des temps. Oui, depuis toujours, depuis l'aube du monde. Parfumant le monde. Le nourrissant. L'enfantant.

Cette nuit, elle attaque les vinaigrettes : celles aux baies rouges, à la moutarde violette, au cresson, à l'ail cuit, à l'ail cru, à la coriandre fraîche et au zeste d'orange. Elle leur réserve ses meilleures huiles. L'huile d'olive mais aussi de noisette et celle, très spéciale, d'argan, qu'elle commanda un jour à Samuel.

Là, elle revient dans la boutique, provoquant l'étonnement des clients. Tiens, elle les salue et prend même des allures de femme coquette ! Amoureuse ? Samuel n'en sait rien. Quand il a rencontré Marie, elle était une fille curieuse de tout, bavarde, drôle et énergique. Là, après une longue absence, elle resurgissait, plus sûre, plus amarrée. Mais fixée à quelle terre ? Quel rêve ?

Si, à l'extérieur, tous se félicitaient de la métamorphose de Marie, Samuel, lui, s'en inquiéta. Que cachait cet apparent retour à la vie ? Pour lui, Marie trichait.

Samuel n'aurait su dire pourquoi ni dans quel but. Il le flairait sans pouvoir le prouver. Elle était devenue boulimique. Ses doigts tâtaient les épices, un rien l'agaçait. Elle voulait tout. Samuel n'osait plus aborder les sujets de conversation qui les occupaient autrefois. Marie s'était durcie. À n'en pas douter, elle était comme ivre de solitude, traçant autour d'elle un cercle infranchissable.

– Quelque chose ne va pas, Marie ?

Elle allait, venait, poussant la porte de son magasin jusqu'à trois fois dans la même journée pour préparer des repas toujours plus complexes et raffinés. À quelles fins ? Et pour qui ? Après quatre jours à ce rythme, il lui attrapa la main. Elle la retira si brusquement qu'il se trouva bien naïf d'avoir imaginé qu'un simple contact pouvait suffire à la retenir. Il la laissa s'en aller, pensif, et questionna les écritures. Alluma des bougies. Sept en tout. Car Dieu l'Unique créa le monde en sept jours.

Chaque jour, elle dresse la table d'une couleur différente. Elle achète une nappe, des serviettes, deux belles assiettes plates, deux assiettes à desserts et deux autres blanches à fond creux pour le velouté. Elle aime ce moment où elle ouvre son portefeuille pour célébrer la beauté de ces repas qu'elle pourrait, aujourd'hui ou demain, partager avec lui. Elle est gosse. Elle est belle. Elle relève les deux manches et parle au cuivre des casseroles pour l'éblouir, lui, l'amant. Elle fera tout elle-même : la confiture pour les desserts, les sorbets, la terrine de poisson gras, la crème, le yaourt, le beurre clarifié.

À l'agence, elle cartonne. Sanchez se dispute de nouveau avec sa femme et rêve d'elle. On salue les nouveaux résultats, on félicite le regain d'énergie de l'équipe, on boit le champagne, on se passe les petits-fours. Marie, elle, n'arrête pas de penser à la cuisson des cailles et du canard sauvage. Elle jonglera avec toutes sortes de miels. Éli s'y laissera apprivoiser.

Dans le cul des bêtes, elle pose des abricots secs, des amandes, des pruneaux, des raisins. Sur les poissons, leur peau croustillante, elle jette quelques graines de sésame blanc, du fenouil, des fleurs de roses, des zestes d'orange et de citron.

Passé neuf heures du soir, s'il n'a pas sonné, elle s'énerve, parcourt de long en large la cuisine, éteint le four, comprime les pâtes qu'elle aurait dû laisser gonfler, écrase les poivres et les baies, peste contre les salades et leur manière si grossière de s'affadir et de mourir. À vingt-deux heures, elle sait qu'il ne viendra pas et jette à la poubelle le repas préparé avec tant de soin.

Plus les jours défilent, plus Marie signe de contrats à l'agence, plus, dans l'antre de sa cuisine, elle s'irrite et s'affole.

Nous sommes jeudi.

Il n'est toujours pas venu.

Samuel la voit débouler dans sa boutique pour la quatrième fois de la journée. Elle vient de changer d'avis, ne prend finalement pas le poivre sanshô commandé pour sa soupe au potiron. Il est trop fort, trop parfumé. Elle voudrait quelque chose de plus doux. Samuel propose des graines de pavot. Marie hausse les épaules. De toutes les façons, elle ne fera pas cette soupe ! Samuel ne comprend pas.

– Je ne ferai pas cette soupe ! C'est tout !

Un client appelle. Samuel s'éloigne. Quand il revient, il se replie derrière son comptoir, la laisse errer parmi les graines. Errer, oui, c'est le mot qui vient à l'esprit à la voir renifler le contenu des sachets, palper les graines, trier, rejeter. Que cherche-t-elle ? Elle réapparaît avec une petite poignée d'anis étoilé.

– C'est ça que je veux !

– Depuis quand l'anis se mélange avec le potiron, Marie ?

– C'est beau, je prends !

Elle est devenue folle. Il le pense quasiment à haute voix. Ses yeux bifurquent, s'échappent. Marie, où vas-tu ? Il la laisse à nouveau partir, regarde sa silhouette traverser le passage piétons et se dit qu'il faudrait ce soir prier pour elle.

Il est vingt et une heures trente, nous sommes vendredi, Marie a ouvert cinq fois la porte de son appartement pour vérifier que la sonnette fonctionnait bien. Éli n'est toujours pas là. Elle lui accorde encore une demi-heure. Après, elle brûle tout, elle détruit tout. C'est sûrement l'autre bien sûr, l'autre revenue de vacances, l'autre qui le supplie de la prendre comme une vierge. Marie la hait. Elle tourne le thermostat du four, voit la peau de la dorade qui craquelle. Pas question de mettre la hotte. Elle veut que tout fume, que tout pue, comme Éli. À l'aide des grands ciseaux, elle bousille les feuilles de salade, écrase les légumes. « Pourquoi existes-tu ? » Dire qu'elle pourrait lui offrir l'ivresse du monde ! Sa peau est maculée de gras. Éli est une ombre. Il ne fascine pas, il ternit, émerveille les vierges. Le lâche, il ne sonne pas ! Or nous sommes vendredi et il avait promis !

Alors, elle écrase au sol les fruits qu'elle voulait lui

offrir. Comme tout est sale ! Comme tout est opaque et glissant ! Elle se débarrasse de son tablier, le jette.

– Éli, je te hais.

Elle s'allonge sur le lit, folle de rage. Quel prix va-t-il payer, lui, à saccager la fête ? Enterrer ses promesses ? Le monstre, c'est lui. Pas elle.

Avant de dormir, il faut réchauffer sa vulve. Elle plaque la paume dessus, la tiédit. Elle pourrait faire l'amour avec les autres amantes. Elle pourrait embrasser leurs seins, s'amuser à exciter Éli sous elles, en elles, au-dessus d'elles. Mais Éli ne sait pas réclamer ce genre de choses. Il prend dans la solitude, il rend dans la solitude. Il est l'homme qui tourne le dos à l'aube qui se lève. Il est l'homme face au mur dont on hurle le nom. Étincelle au fond de la pupille dont on guette l'éclat.

Au comble de la frustration, Marie enfonce l'index puis la main au plus profond de son vagin cherchant presque à se faire mal. Elle en a tellement marre d'être toute à celui qui ne l'aime pas. Elle commence à se masturber. Elle ferme les yeux, imagine des figures d'hommes qu'elle flagelle. Très vite, elle se lasse. Cravacher, mordre, tabasser ? Non. C'est seulement le visage d'Éli, toujours et sans relâche, qui surgit. Il n'a même pas daigné goûter à l'un des cinq somptueux dîners concoctés rien que pour lui. Elle se trouve laide. Hideuse de ne savoir les satisfaire tous, de ne savoir jouir. Finalement bonne qu'à vendre des assurances et des contrats d'épargne. Elle se recroqueville. Elle devrait allumer la télé. Il y a souvent de bonnes séries le vendredi soir. Ou écouter de la musique et se déchaîner face aux rideaux fermés. Ou aller rendre visite à la petite vieille du dessus, lui apporter un bol de soupe. Merde. Elle a trente-cinq ans, la vie devant elle. Pour qui ? Même l'amour avec Marc n'y changerait rien. Marie nue, Marie pleine de débilité et de disgrâce, Marie souillée de ses cinq dîners jetés à la poubelle. Elle plonge les mains entre les cuisses et se tasse. Repartir chez le père ? Retrouver l'océan ? Coup de sonnette. A-t-elle bien entendu ? Oui. Elle saute hors de son lit, enfile une robe de chambre, s'essuie maladroitement le visage, se dirige vers la porte. Quelle heure est-il ? Julia ? Un voisin ? Son cœur bat à tout rompre. Et si... Tout se remet en place à toute allure : l'envie de croquer dans les pommes, l'envie de dévorer. D'un geste vif, face au miroir de l'entrée, elle se tapote les joues, les rosit, approche les lèvres de la porte, demande, inquiète :

– C'est toi ?

Elle n'a pas eu le temps de le questionner. Il s'est jeté sur elle, l'a plaquée contre le mur, a commencé à la déshabiller. Elle s'est laissée faire, ouvrant son cul pour lui, sa bouche, ses jambes. Il a sorti son sexe, l'a enfoncé en elle. Elle n'a rien dit, s'est légèrement cambrée pour lui faciliter la tâche. Il grogne et elle jouit de cette fébrilité dont elle est source, origine. Cette furie en elle, ce déchaînement qui la déchire, c'est si bon. Elle mouille, elle sue, Éli la frappe, elle sourit. À cet instant, elle est véritablement sa maîtresse : il peut la fendre, la déchiqueter, elle s'en fout. Éli est à elle, il lui appartient, fourrageant sa queue, cherchant en elle le sens, tous les sens. De plus en plus furieusement, il palpe ses fesses, comprime ses seins, ses hanches. Elle sait qu'elle a assez de place pour le contenir tout entier. Elle le supplie de venir. Mais il s'agite encore et voudrait disparaître tout au fond de cette chair, alors il tape, il gifle. Marie nue, Marie dépossédée, grisée, gémit :

– Entre en moi, brise-moi.

Fais de moi la femme et l'homme, épanche-moi, cède-moi. Il s'agrippe à ses épaules, pousse un de ces cris qu'elle voudrait à jamais retenir et, là, au fond d'elle, il éjacule, lâchant son sperme dans cet éblouissement que devient, à cet instant précis, le monde.

– Tiens ! Tiens ! murmure-t-il, les yeux emplis de larmes.

Il goûte ce qu'elle lui tend : une tisane à la feuille de manguier avec « un sucre au goût particulier ». Elle ne supporte plus qu'il mente. Qu'il lui dise comme il y a un quart d'heure :

– Je suis seul, Marie, je n'ai que toi.

Du coup, pleine encore de sa jouissance, elle a balancé dans la théière le quart d'une cuillère de trioxyde. Comment lui pardonner ?

Il boit devant elle à présent, sans rien recracher, cherchant même à capter son regard.

– J'aime que tu sois là.

Elle se tait, retient le torrent de reproches qu'elle sent monter en elle.

– Elle a un goût étrange cette tisane... mais c'est très bon, j'aime vraiment.

Elle ne répond rien, il boit une nouvelle fois.

– C'est chaud, je prends mon temps.

Marie sourit. Tant pis, elle n'a rien décidé, seulement

préparé cinq repas pour un voyageur venu de loin, très loin.

– Tu m'écoutes, Marie ?

Il boit encore mais, cette fois, un peu mal à l'aise. Il sent qu'elle n'est pas dupe, qu'elle flaire le cul ailleurs, son étudiante.

– J'ai envie de t'emmener en week-end, Dina part à la campagne chez des amis.

Marie manque s'étrangler. C'est la première fois qu'il lui propose une chose pareille.

– Je connais un très beau gîte, j'aimerais qu'on parte tous les deux ensemble là-bas.

– Éli !

Il se fige.

– Arrête !

– Quoi ?

– Tu bois trop… Tu… tu vas être malade.

Il se met à rire.

– Tu as toujours des réactions si bizarres, Marie ! Tu sais, c'est peut-être ce qui me plaît le plus en toi, tes réactions. Je ne m'y attends pas. Jamais.

Il boit, déglutit avec un beau sourire. Il avale. Elle se retient de hurler.

– Marie, c'est d'accord ?

Elle lâche un oui qui le rassure, l'allège. Il se ressert de la tisane. Marie, horrifiée, l'observe. S'agenouiller ? Demander pardon ? Il boit une nouvelle gorgée, jamais il n'a tant bu !

– Faisons encore l'amour...

– Je suis fatigué, Marie, tu as envie, toi ?

Il boit à nouveau.

– Oui.

– J'ai dit à Dina que j'étais à un colloque. Je ne veux pas qu'elle soupçonne quoi que ce soit.

– Dans ce cas, file, tu as raison.

Elle le raccompagne jusqu'à la porte.

– Je suis heureux de t'emmener, Marie. Je t'ai pas vraiment gâtée depuis qu'on s'est rencontrés.

Il s'approche pour l'embrasser. Elle le repousse d'un geste tendre.

– Dépêche-toi.

Il rit, étonné.

– Parfois j'ai l'impression de ne pas te connaître !

Elle sourit.

– Allez, va-t'en.

– Dix heures demain matin en bas de ton immeuble, OK ?

Elle opine de la tête, referme la porte sur lui. Éli, décontenancé, s'éloigne. Marie lui a paru soucieuse. Un autre amant ? Il descend l'escalier, anxieux. L'idée de la perdre l'effraie soudain... Il s'éloigne.

Marie se précipite dans le salon, soulève le couvercle de la théière.

Merde !

Il a quasiment tout bu, il ne reste qu'un fond de tasse ! Elle est prise de vertiges. Elle imagine les flics en bas de son immeuble, son arrestation, la morgue. Vous reconnaissez son corps ? C'est bien lui, non ? C'est bien lui, votre victime ? ?

Elle file dans sa chambre, allume l'ordinateur. Un quart de cuillère à café de trioxyde, ça fait combien de grammes ? ! Elle pianote sur le clavier, fébrile, s'énerve de ne pas trouver assez vite le site qui l'intéresse. Elle se lève d'un bond. Impossible de garder ce secret pour elle ! Elle s'élance dans la cuisine, fait voltiger l'intérieur des placards.

« Elle est où, bon sang, cette enfoirée de balance ? ? »

La voilà. Elle attrape une cuillère, ouvre la boîte de trioxyde. L'aiguille de la balance oscille. Deux grammes ? Trois grammes ? Quelle conne ! Elle aurait dû acheter la balance électronique qui coûtait vingt euros de plus. Deux grammes cinq ? Et les pincées des jours précédents ? Un demi-gramme ? Un gramme ? Marie trépigne, cherche à rééquilibrer le plateau, l'effleure. Tout se renverse.

BORDEL ! ! ! ! !

Nettoyer. Appeler Julia. Avouer. Le type que j'ai dans la peau, c'est lui, c'est Éli. Je suis en train de le tuer, Julia. Julia ? La sonnerie retentit jusqu'au déclic de la boîte vocale. Marie raccroche. Elle ne l'a pas tué, non. Il en faut plus pour mettre à terre un homme de son gabarit. Ça dépend des individus... C'est écrit en majuscules. CELA DÉPEND DE CHAQUE INDIVIDU. L'appeler lui ? Il ne la croirait pas, il s'esclafferait.

Attendre donc… Laisser le poison agir, jurer de ne plus jamais s'adonner à ce jeu. C'est un jeu, n'est-ce pas ? Elle allume une bougie, la flamme jette ses reflets d'or sur les pots renversés. Ce désordre-là est étrangement beau. Elle se met à pleurer.

L'aube se lève, Marie range tout dans les placards puis lave à grandes eaux le sol. Elle se promet de l'aimer davantage, lui et ses mensonges. Elle prend une douche, enfile une jupe noire, un pull en mohair rouge vif. Ses affaires de rechange tiennent dans un petit sac. À dix heures pile, elle quitte son appartement sans fermer le verrou, descend une à une les marches de l'escalier, sort dans la rue. Éli n'est pas là. Sur le trottoir d'en face, deux gamines jouent à la corde à sauter. Un couple attend le bus 27. Marie tremble. Une voiture klaxonne. Elle lève la tête, l'aperçoit qui s'avance vers elle. Vivant.

– Éli ! ! !

Il lui fait signe. Elle se met à courir. Tant de bonheur visible, il n'en revient pas.

– Éli !

Le parquet craque dans la vieille chambre Milady. Les rideaux sont propres, épais. La fenêtre donne sur un grand parc. Marie ne sait pas comment Éli connaît cet endroit. Ils sont arrivés de nuit par une allée bordée de chênes, ombres gigantesques. Du balcon de la chambre, elle hume l'odeur épaisse de la forêt, sa terre humide. Pour ne pas réveiller les hôtes, ils ont gravi le plus silencieusement possible les marches du petit escalier. Ce qu'ils ont ri. Au bout du couloir, Éli a ouvert la porte à l'aide de la grosse clef.

Là, il a été très doux avec elle. Il l'a déshabillée lentement, lui a même demandé la permission de retirer sa culotte. Ça l'a émue, elle s'est mise à l'embrasser partout. Il la caresse, il ne la couvre pas d'insultes et quand il vient sur elle, il la pénètre à peine. Parfois, il s'enfonce un peu plus. Il ne sue pas, il ne crie pas. C'est une étreinte qui dure. Vent de la pluie. Bruissement de l'air dans les feuilles des chênes. Éli suce les doigts de

Marie avant de jouir. Ils restent un long moment silencieux. Marie se blottit contre lui.

– C'est doux.

Il lui mordille les doigts, elle rit.

– Demain, grasse mat et croissants.

Elle acquiesce, ravie. Éli est si attentionné. Il s'approche d'elle, lèche l'en dessous de ses aisselles, glisse la pointe de la langue le long de son dos, atteint ses fesses. Il les trouve molles et fraîches, il les aime. Marie s'adoucit. Jamais il n'a été aussi délicat avec elle. Il ne lui impose rien. Ils se touchent, cela suffit, l'un égal de l'autre. Sexes ouverts et nus. Lumineux pour la première fois.

Huit heures du matin. Marie a les joues roses des enfants qui ont dormi d'un sommeil profond. Elle regarde Éli, nu à ses côtés. Est-ce qu'il dort en pyjama avec sa femme ?

– Marie, tu penses à quoi ?

– À toi, ces heures déjà passées ensemble.

– Je ne fais plus l'amour depuis deux ans avec Dina…

Il ne l'a pas habituée aux confidences. Elle aimerait lui demander si c'est lui ou Dina qui, le premier, a dit « non, j'ai pas envie ». Elle n'ose pas. Elle ne veut pas en apprendre trop. Elle préfère lui masser les épaules. Julia, elle, avait d'un seul coup perdu sa libido après la mort de sa mère. Les mois avaient passé. Elle restait indifférente aux hommes. C'est en dansant avec Marie qu'avait resurgi le besoin d'enfouir son visage sous les plis de l'autre. Un soir, elles avaient bu et s'étaient retrouvées nues l'une en face de l'autre. Sans rien prévoir, elles avaient commencé à se toucher : Marie les poils noirs et touffus du sexe de Julia, Julia, les tétons couleur pêche de Marie. Elles s'étaient embrassées sans rougir, excitées, rieuses, feignant les gémissements de l'orgasme. Marie avait été si rarement utile en amour. Rendre à Julia son désir, c'était magnifique. Au bout de quelques semaines, Julia avait refait l'amour avec un homme. Elles avaient fêté cette nouvelle au champagne, décidant de ne rien changer à leurs soirées entre filles. Le pli était pris. À raison d'une fois par semaine, elles se retrouvaient chez Marie, légèrement bourrées, ravies, se caressant l'une l'autre, se donnant du plaisir.

Dans la vieille chambre, Marie retrouve la même sorte d'émotion. Le manque ne la cerne plus. Elle est comblée. Elle aimerait croire à un miracle, seulement elle n'est pas du genre croyante, Marie. Alors, peut-être, oui, le trioxyde, les trois doses qu'elle a jetées dans sa nourriture et dans sa tisane… Éli se redresse sur le lit, l'air soudain grave.

– Marie, j'ai peur de cette violence entre nous. Tu avais déjà fait l'amour comme ça, toi ?

Marie l'interroge du regard. Elle craint de mal répondre, de tout gâcher. Éli secoue la tête.

– Moi, tu sais, non, jamais.

– Remets ta main sur mon ventre, s'il te plaît.

Il s'exécute, très doux. Elle respire à nouveau.

– Marie, je voudrais qu'on arrête…

Elle se raidit.

– Qu'on arrête ?

– Je préférerais qu'on fasse l'amour différemment… J'ai peur de mes pulsions, j'ai peur pour toi…

Marie se met à rire. La mauvaise farce. Éli l'embrasse, soulagé qu'elle prenne aussi bien les choses.

– J'ai faim. Pas toi ?

Ils dévalent l'escalier, main dans la main. Dans la salle du rez-de-chaussée, sur une table aux dimensions monastiques, les attend un petit déjeuner de rêve : confitures maison, pain à la mie moelleuse, beurre fermier, lait crémeux… Le service à café est en porcelaine, les couverts sont en argent. Sur la nappe en dentelle, les initiales A.T. sont brodées à la main. Éli et Marie, enthousiastes et puérils, décident d'un commun accord de les traduire par : Amour Toujours…

Il fait très beau. Ils s'allongent sur une pente d'herbe, à deux pas des douves du château de Chambord. Là, il lui avoue qu'il a dans la bouche un goût de métal inexplicable, qu'il l'aime et que le soleil, selon lui, devrait à jamais les réchauffer.

– Éli, si tu m'aimes, pourquoi tu ne la quittes pas ?

– …

– Tu l'aimes encore ?

– Je ne sais pas l'affronter, j'ai peur de plus revoir Élodie.

– Vous vous démolissez.

– C'est la petite qu'on démolit.

Elle relève son pull, lui montre ses deux seins. Il y enfouit son visage, sa solitude, sa lâcheté.

– Je t'ai trompée, Marie.

Bouleversée, elle ne répond rien. Cet aveu, c'est de l'amour. Il se blottit… Elle l'embrasse, accueille la part empoisonnée, l'âme noire, égarée, demande pardon à tout ce qu'elle a voulu faire disparaître de lui. Pardon à ses entrailles, à Dina, à la fille aux cheveux longs et noirs. Un mot a suffi. Elle ne le tuera pas.

Au loin, la silhouette du château découpe dans le ciel un contour dentelé. Les trois cents cheminées donnent l'impression de former une assemblée non terrestre, vêtue de deuil et de silence. Soulagé de sa confession, Éli se détend. Marie passe la main sous son pantalon, attrape sa verge, la caresse. Éli se laisse faire. Le pénis d'Éli se dresse. Avec doigté, Marie le découvre, laissant surgir le gland d'entre la peau du prépuce humide et flasque. Elle attire à la surface la chair violacée, expose au monde sa puissance. Afflux de désir et de sang. D'un geste, elle baisse le slip d'Éli. Alentour, il n'y a personne. Elle lui écarte les cuisses, contemple ce triangle insensé où l'organe pointe à la face du ciel. Il est temps d'ouvrir sa gueule, de gober tout entier le sexe de son homme, ses testicules. Elle veut être à la fois la cloison, le refuge. Éli consent. Son corps dans l'herbe est mou ; sa queue, elle, infiniment droite et rigide dans la bouche de Marie. Est-ce cette espèce d'émotion qu'avait ressentie Dina au moment de la naissance d'Élodie ? Cette contraction dans les entrailles, et cependant, partout ailleurs, un relâchement proche de l'extase ? Il aimerait bien s'endormir maintenant. Si peu de forces lui restent. Et ce goût métallique qui l'envahit.

Ils visitent le château de Chenonceau. Ce soir, ils dînent aux chandelles.

– Éli, je ne veux pas retourner à Paris.
– Tu crois que, moi, j'en ai envie ?
– Appelle-la, dis que tu es malade.
– J'ai mes cours, c'est impossible.
– S'il te plaît.
– Ne complique pas les choses, Marie.

Il lui prend la main, l'emmène dans la chambre, soulève sa robe.

– J'ai envie de toi.

Elle s'allonge, se dénude. Il l'enlace, la pénètre doucement, donne. Tout est là : l'érection des lèvres, la propagation du sang, l'eau suintante sur les tissus, la vague qui approche, la conscience de la noyade à venir. Tout est là. La totalité de l'autre au fond d'elle, sa protection prête à jaillir – à la fois ce monde qu'elle abandonne, à la fois ce monde qui la révèle. Elle jouit. Il jouit. Ils se rassemblent. Dehors, le cri des enfants des hôtes. Dans la voiture qui les ramène à Paris, Éli se tourne vers Marie.

– Je vais la quitter, crois-moi, je vais venir vivre avec toi.

C'est étrange, elle ne ressent aucune joie à l'entendre prononcer ces mots. Comme une tristesse. Un vide.

Elle attend Éli de pied ferme. Pour se faire pardonner, elle invite ses sœurs au théâtre, offre un superbe collier à sa mère. Chaque chose reprend sa place : le choix des robes, les crèmes exfoliantes, les sorties. Les amis se remettent à téléphoner. Les vieux clients aussi. Le monde est en ordre, Marie consomme, elle est fleur qui éclôt.

Elle rend visite à son père, marche avec lui le long de l'océan. Au retour de la balade, ils boivent, chacun leur tour à la même tasse, le café âpre et brûlant.

À son retour, elle trouve trois messages d'Éli sur son répondeur. Il l'aime. Elle monte un bol de soupe et une salade de fruits frais à la petite vieille du dessus. Elle lui caresse la main jusqu'à ce qu'elle s'endorme.

– Il va venir votre fils, oui, ne vous inquiétez pas. Et moi, je suis là.

Sanchez la convie à la banque. Il monte en grade, ça

y est, son poste est libre, le veut-elle ? Marie, souriante, accepte. Ils fêtent la nouvelle au restaurant, comme au bon vieux temps. Entre le fromage et le dessert, Sanchez avoue qu'il convoite le poste de directeur général.

– Là, j'aurai enfin réussi.

Elle rit de bon cœur. Il croit qu'elle pige. Qu'elle est de la même race que lui. En la quittant, il la serre un peu trop dans ses bras.

– Vous allez me manquer.

Elle rit une nouvelle fois. Il la trouve belle vraiment.

– Je vous raccompagne ?

Elle fait non de la tête. Dommage. Il aurait bien aimé lui montrer l'intérieur cuir de sa nouvelle voiture ! Marie lui lance un dernier sourire puis, sans prévenir, lui tourne le dos. Il démarre en trombe, disparaît. Au loin, Marie traverse le boulevard. À partir du mois prochain, son salaire passe à deux mille sept cents euros mensuels. Elle tient l'info de Sanchez lui-même. De quoi acheter de la lingerie et préparer la venue d'Éli dans sa vie. De quoi se sentir toute-puissante.

Marie reçoit trois SMS d'Éli par jour. Il l'aime, il attend juste le moment propice pour parler à Dina, elle ne doit pas s'impatienter. Il a le courage qu'il faut maintenant… Sa mère appelle. Piotr, son chien, n'a pas mangé hier soir… Marie la rassure, raccroche, enfile un jean, un chemisier rose, des escarpins brodés de perles. Après le boulot, elle ira faire des courses. Il faut le gâter, l'épater, acheter une housse de couette en satin, des nouvelles serviettes, du parfum d'ambiance. Il doit se sentir comme chez lui. Elle ferme la porte à double tour, quitte son immeuble. Il pleut mais elle s'en fout. Dans le métro, un beur réclame à tue-tête que les humains se lèvent. La foule rit. Marie pense à la place qu'elle va devoir dégager sur ses étagères et dans ses tiroirs. Nouvel attentat à Bagdad. Elle a trois dossiers importants à l'agence. Avant de récupérer le poste de Sanchez, elle souhaite laisser une image propre, étincelante même. Rien ne doit s'immiscer entre elle et Éli le jour où il franchira le seuil de l'appartement, sinon l'enfant, oui, bien sûr, la petite fille, mais pas chez elle au début, ailleurs, sur un banc, dans un parc, là où rien ne rappelle l'ancienne vie. Après, dans l'appartement, seulement plus tard, bien plus tard.

Elle sort de l'agence plus tôt que d'habitude. À Saint-Germain-des-Prés, elle trouvera le must en matière d'élégance et de bon goût. Marie marche d'un bon pas. Elle longe le Palais Royal. Valse de son ombre sur le bitume brillant de l'après-pluie. Ses talons claquent. Sonnerie de son portable.

– Marie, je te dérange ?

– Non, Julia, je suis juste super-pressée, je dois faire des courses.

– Écoute, je ne vais pas être longue mais j'ai un scoop d'enfer ! Tu te souviens de Caro ?

– Ta pote comptable ?

– Bingo ! Tu vas pas le croire, elle sort avec ton cousin !

– Mon cousin ?... J'ai un cousin, moi ?

– Éli ! Le type que t'as embouti avec ta voiture !

Marie se fige. Sur le pont, les passants continuent de la croiser.

– C'est impossible, Julia.

Julia est hilare.

– Je savais bien que tu ne le croirais pas ! J'ai halluciné quand elle m'a sorti la photo !

La photo… Marie chancelle. Julia enchaîne.

– T'avais raison, tu sais, il est tout sauf célibataire, il est marié et il a même une gamine !

L'heure tourne, les magasins vont bientôt fermer. Julia rit encore.

– On peut dire que tu as eu du flair sur ce coup-là ! Caro en est complètement dingue ! Elle voudrait qu'on l'invite et qu'on le charcute un peu à deux. Il lui a dit qu'il allait divorcer, enfin ça… j'attends de voir.

– …

– Allez, je pouvais pas attendre. Je te laisse faire tes courses, ma belle ! Coucou-bisou et à dimanche !

Julia raccroche. Il fait froid tout à coup. Marie traverse le pont, regarde une péniche disparaître sous une des arches. Elle ne se sent pas bien, voudrait raisonner mais rien ne lui vient à l'esprit sinon l'image d'Éli avec Caro, avec son étudiante et avec tant d'autres soudain, s'amusant avec toutes, leur déclarant : « Je vais quitter Dina pour toi. »

Elle essaie de zapper, d'effacer les images qui surgissent. Elle marche, stupéfaite. Et toute sa vie alors ? Les housses, là, à acheter, les fringues, les parfums ? Un type s'approche.

– Le journal des sdf, un euro ou plus, selon votre bon cœur.

Il faudrait poser la tête sur son épaule.

– Alors, elle se décide, la petite dame ?

Marie ne répond rien, se met soudain à courir. Elle

manque de trébucher, se rattrape de justesse. En un temps record, plus rien ne l'accueille. Ses jambes fuient, effrayantes, entraînant le reste du corps, la figure, les sentiments, le sang. Le souffle aussi, la respiration de plus en plus saccadée. Elle repère une bouche de métro, s'y engouffre, bouscule les gens qui remontent à la surface. Elle vire à gauche, dévale un escalator à contresens, exaspère tout le monde. C'est un poing en pleine gueule qu'elle réclame. Ils la laissent filer, ça va trop vite, son regard ahuri, et Marie glisse, chute, court. Existe-t-il ce moment où le plus résistant de soi cède ? Tiens, là, le type en jean aux jambes écartés face à la fille, veston cintré, blanc vif, ou bien encore le gamin dans la poussette, il touche le sol de son index, ce sol que tout le monde fixe. Gluant. Noir.

Elle rentre chez elle, remplit une casserole d'eau. Les bulles remontent à la surface. Elles se disloquent. Ce qui rompt, ça n'est pas le courage de rester en vie, non. L'eau bout, le thé se prépare. Ce qui cède, ce qui rompt, est tout autre chose, une part plus grave, plus insistante. Le visage de Caro lui revient. La fumée du thé brûle son visage. Ce qui rompt, c'est l'enfance, l'espoir fondé dans chaque pas. Marie inspire, Marie expire. Elle a lavé les sols, elle a préparé le lit. Elle a acheté des vases pour les fleurs, des cendriers aussi.

Elle attrape la boîte de trioxyde, la pose sur le buffet. Deux cuillères suffiront. Elle doit l'éteindre comme on souffle sur une flamme de bougie. L'effacer de sa vie comme on tire un rideau. Elle ouvre la boîte, observe la poudre blanche. Elle ferme les yeux. Son dernier repas sera comme ceux d'Orient où les tables débordent de mets et de condiments. Un repas généreux comme Éli n'a jamais su l'être avec elle. La nappe sera épaisse mais son motif ordinaire, étoiles ou fruits, des grappes de raisin par exemple. Pas de mise en scène. Chaque aliment sera aussi riche et simple que le pain. Elle ne tue pas Éli. Elle le délivre, elle le purifie. Et puis, entre lui et Dina, l'enfant suffoque. On ne laisse pas les enfants suffoquer.

Elle mettra sa robe noire, celle qui l'avait fait craquer la première fois qu'ils s'étaient rencontrés à l'agence. Il ne remarquera rien, il l'embrassera. Le thé est en train de refroidir. Marie referme la boîte. Bip du répondeur : Sanchez l'invite au théâtre… Elle allume la télé. Documentaire sur les orques du Pacifique ouest. Cette fois-ci, elle ne se gênera pas, elle va balancer du poison partout, quitte à s'empoisonner avec lui. Elle s'en tape. Les flics pourront bien l'arrêter, elle n'est pas une meurtrière, elle est la Marie de l'amour. Longtemps, elle regarde l'écran, assise, toute droite sur le canapé. Personne n'appelle. Personne ne lui tend la main. Elle a ciré les meubles et lui a même acheté un rasoir. Elle devrait le jeter. Elle ne trouve pas la force. Demain ?

Marie traverse la rue. Un homme pousse un cri, une voiture freine. Elle ne sait pas vraiment pourquoi, elle a frôlé la mort, elle s'est jetée en arrière, la voiture ne l'a pas écrasée… Marie se retrouve sur le trottoir, assez idiote, en vie. Gattier, son dernier client ? Il aurait toutes les raisons de souhaiter sa fin, elle lui a refusé son prêt. Elle regrette qu'il ait manqué son coup, cherche à retrouver l'équilibre. Un passant s'approche. Son front est large comme ceux des saints des églises baroques. Il s'inquiète de son état, s'en va trop vite. Elle vient de refuser le choc avec la voiture. Elle devrait oublier Éli, prendre des vacances, nager loin dans la mer… Il est encore possible de fuir, rattraper le temps, faire un enfant avec Marc… La vie résonne. La vie s'acharne. Le passant l'a salué avec un si beau sourire. Éli n'a rien à lui proposer. Elle oublie ses courses mais la vue d'un couple enlacé la fige. Un rien. Un tout : le souvenir du baiser d'Éli, celui du visage radieux de la jeune étudiante. Tout est si fragile. Marie oublie la voiture, oublie les vacances à la mer. Elle se dirige d'un pas ferme vers la boutique de Samuel. Elle fera le pain elle-même. Le pain est vieux, essentiel aussi. Plus que toute autre nourriture, il rappelle l'offrande qu'elle lui a tendue, païenne, paysanne. Elle introduira à l'intérieur de chacun d'eux des doses minimes de poison et elle les lui présentera. « Tiens, mange, mon amour, mange ce que, depuis la nuit des temps, l'homme qui sue, l'homme qui ne ment pas aux saisons, l'homme qui sarcle la terre, mange. Et bois aussi le vin. Pas celui de l'homme qu'on a cloué sur une croix mais celui de la vigne dont on taille le cep et dont les fruits sont broyés par la danse exaltée des filles, celle qui n'a rien à voir avec toi, rien à voir avec moi, si modernes pourtant, si barbares ! Allez, bois, mon Éli, bois le vin qui n'est pas le sang de l'homme et mange le pain. »

Elle marche d'un pas vif, pousse la porte de chez Samuel.

– Donne-moi de la farine de blé, de seigle, d'épeautre et de châtaigne. Donne-moi de l'orge. Donne-moi du cumin en graines et un pot de ce miel doré du Berry. Donne-moi des figues séchées, des noix et des abricots secs.

– Que vas-tu faire avec tout ça ?

– Du pain.

– Mais pourquoi tant de pain ?

– Et pourquoi pas ?

Tout cloche. Tout part en vrille. C'est pire que la tonsure de sa fille ou le départ de son fils. Elle est beaucoup trop belle, il fait si gris. Et tout ce pain qu'elle veut préparer.

– Marie, t'as entendu la radio ?

– Non, Samuel.

– Tu devrais écouter les nouvelles, Marie.

– Elles ne m'intéressent pas.

Il voudrait pouvoir dire quelque chose. Par exemple : Tu étincelles, Marie, pourquoi ?

Lui, les nouvelles, il les écoute depuis qu'il est tout petit.

– Samuel, pourquoi me regardes-tu avec ces yeux ?

Ils veulent en finir avec « l'immigration subie ».

– Je comprends rien.

– Tu ne comprends pas ? ! ! !

– Non.

Elle ne trouve pas le rire en elle.

– Il y a quatre-vingts ans, mon grand-père avait seize ans, on massacrait déjà les juifs, il a fui l'Ukraine et a marché jusqu'ici, en France. Il pensait que c'était une terre d'accueil. Quand il est arrivé, il a remercié Dieu, il a remercié le président, il a fait sept enfants ! C'est lui que le gouvernement a insulté hier.

– Les hommes politiques disent n'importe quoi.

– Mon grand-père a fait deux mille kilomètres à pied. Tu te rends compte ?

– Non.

– Toute sa famille est morte, Marie. Et il m'a toujours souri comme moi je te souris là.

Des larmes affluent. La porte de la boutique s'ouvre. Le client est gros et flasque. Il appelle Samuel d'une voix pressante avec un accent à couper au couteau. Celui-ci se lève à contrecœur. Elle allait se livrer, il le sentait. Il s'approche de l'homme avec le pressentiment que ça y est, elle s'est ressaisie derrière son dos. L'homme gras pointe son doigt sur les pots, s'insurge des prix. Il n'a aucune idée du travail que représente l'extraction du safran, de sa fleur. Rien. Il ne sait rien. Il ne sent que le fric. Samuel le sert avec rudesse. L'homme paie et part en pestant. Quand Samuel retourne à sa caisse, Marie est debout devant lui. Ses traits sont tendus, sa peau est lumineuse. Va-t-elle se confier ?

– Une livre de farine aux cinq céréales, s'il te plaît, et toutes les épices de cette liste.

Il n'a plus qu'à s'incliner. « Tout est si fragile », avait murmuré sa fille au moment où, avec des gestes lents, elle avait commencé à se raser la tête. Il s'était tu.

– Tiens, Marie.

Tartare de saumon frais, œufs de saumon,
crème fleurette, servie avec des petits pains au seigle
Sandwich de fromage blanc au concombre et à l'ail
sur tranches de pain de céréales
Viandes grillées
avec accompagnement de caviar d'aubergine,
de poivrons marinés à l'huile,
de raïta et de chutney
sur pains puris
&
pains parathas
Pain au levain pour le fromage
Pain perdu pour le dessert

Elle s'y met dès l'aube. Pour la préparation du levain, elle jette la farine complète dans un pot de confiture vide, y ajoute un peu de sucre et d'eau. Elle touille à peine, laisse le mélange à l'air libre. Il faudra venir remuer toutes les trois heures jusqu'à ce qu'il devienne bulleux et qu'il pue comme il faut. Elle achète la viande – de l'épaule d'agneau désossée – qu'elle fait couper en petits cubes, la laisse macérer dans un mélange de vinaigre de vieux vin de Bordeaux, d'ail écrasé, d'huile d'olive, de tomates, de miel et de safran.

Éli a envoyé un SMS :

JE SUIS LIBRE MARDI SOIR, JE SERAI LÀ, JE T'AIME.

Le lendemain, elle hache le saumon. Elle écoute un opéra à la radio. La chair du poisson colle à ses doigts. Elle en cuit la moitié, la fait revenir à feu vif. L'assortiment cuit-cru fournit une texture à la fois chaude et fondante et une sensation de froid quasi élastique. Marie apprécie. Elle ajoute du beurre, de la ciboulette, et du citron pour les saveurs. Le poste grésille, l'opéra s'interrompt puis reprend de plus belle. Ça la bouleverse. Dehors, dans la rue, Éli embrasse une à une ses amantes, les enfants jouent, les vieux donnent à manger aux oiseaux. Marie lâche une pincée de trioxyde dans la farine atta, ajoute un peu de sel, de l'eau, deux pleines cuillerées de ghee (du beurre indien) et se met à pétrir.

Après, bien sûr, il faudra partager la pâte, en abaisser les parts, former des cercles, des carrés, des ronds, puis les badigeonner, les inciser. Le pain, d'où qu'il vienne, exige beaucoup. Marie aime ça. Elle bénit les formes à venir, hume l'odeur encore molle, humide.

Vers vingt-trois heures, elle fait noircir au grill la peau des aubergines. Elle les retire du four, les tranche en deux, en recueille la chair qu'elle parfume d'huile et d'ail, balance les peaux brûlées à la poubelle.

La vieille est seule à l'étage. Jamais de visite. Marie se demande si, pour ne pas mourir de chagrin, elle ne l'a pas inventé ce fils…

Marie ne trouve pas le sommeil. Elle se lève, décide de faire tremper quelques pistaches avec des raisins secs dans un bol d'eau bouillante. Éli n'aimera pas le raïta. Il n'est pas assez libre pour cela. Trop animal. Pas assez large. Elle jette dans un récipient en acier la valeur de deux carottes râpées, des graines de cardamome verte, du cumin moulu, un peu de piment et du yaourt. Oui, il n'aimera pas ce goût qui oscille entre le sucre et le sel. Éli ne sait pas apprécier ce qui lui échappe. Éli ne mange que ce qui lui appartient. Pour lui, ce sera de la viande marinée à point, rôtie à point, et tous les pains.

Passé minuit, Marie incorpore les pistaches et les raisins au raïta, remue. Il sera bon de l'étaler sur un pain chaud ce mélange. D'y mordre. Le condiment à la tomate est vite préparé : oignons, coriandre, piment vert, jus de citron et poivre noir font l'affaire, cisaillés, émincés.

Elle se lave les mains, revient près du four. Les poivrons rouges rôtissent sous le grill. Elle guette, accroupie, leurs peaux qui craquèlent. Le soir venu, elle disposera chaque plat de façon à l'encercler, lui, Éli, son corps, son mensonge… Les poivrons sont prêts. Sitôt sortis du four, elle les enferme dans une boîte hermétique. C'est ainsi qu'on doit faire, sinon la peau reste collée. Dans quelques minutes, ce sera atrocement simple. Il suffira de tirer, la chair ne résistera pas, le jus épais et rouge dégoulinera le long des mains, un goût de miel. Marie les découpe en fines lamelles, finit par les arroser d'huile. Un peu de douceur, enfin !

Avant l'aube, elle jette un œil sur le levain. Marie a eu beau vider la moitié du récipient la veille, ce matin, il est à nouveau plein. Le levain est comme la mère des vieux vinaigres. Éternel. Pas comme Éli. Éli va mourir, et c'est bien fait. Il ne mentira plus. Il ne recommencera plus ses baisers. Il faut tout taire. Tout brûler.

Voilà, le pain va pouvoir gonfler et cuire. Marie ajoute un peu de farine, de l'eau, du miel, bat le tout au fouet. Le mélange est liquide mais il ne faut pas s'en alarmer. Avec des gestes sûrs, Marie rajoute de la farine jusqu'à ce que la pâte épaississe. Une pâte humble qui se laisse pétrir, si différente de cette race d'amour. Marie en étire la boule puis, avec l'énergie d'une jeune fille, la jette sur le plan de travail. Pas de cris ici, rien que le silence d'une vieille femme éperdue de solitude, d'une jeune femme éperdue d'amour. La boule doit s'assouplir. Marie la balance à nouveau. Comme il est bon, ce poids dans ses mains ! Ni opaque, ni résistant. Pleinement présent.

Demain (il fait mal ce mot), ce sera le temps des cuissons. Marie ouvrira la fenêtre. Alors – qui sait ? – elle entendra peut-être le murmure du fils penché à l'oreille de la vieille – qui sait ? – le gémissement de Julia écartant les jambes. Elle soupire. L'ordre n'existe pas, n'a jamais existé. Éli en embrasse d'autres, Éli leur fait l'amour. Marie éteint la lumière, s'éloigne de la cuisine. Dans l'obscurité, le cuivre des casseroles étincelle.

Il est trois heures du matin. Marie ne trouve pas le sommeil. Dernier endroit paisible : la cuisine. Les bols n'ont pas bougé de place, pas plus les récipients où repose la pâte à pain. La lumière électrique illumine la substance blanche et gonflée. Marie farine la table de travail, attrape l'une des boules, prenant soin de ne pas la déchirer, la dépose sur le bois. Cette nuit, elle ne dormira pas. Elle a besoin de ce toucher. La pâte ne colle pas, c'est bon signe. Elle en replie les bords, emprisonne à l'intérieur le plus d'air possible. Ce pain-là sera rond. Sa mie sera moelleuse, sa croûte dentelée. Quand Éli voudra le découper, il pèsera dans ses mains. Marie le remet dans le saladier. Il doit encore gonfler. Elle le cuira à l'aube. Elle le recouvre d'un torchon humide, sort des placards les farines achetées chez Samuel. Pour le pain aux céréales, elle mélange celle d'épeautre avec celle de châtaigne et de seigle, puis l'eau, la levure, le sel. La pâte sent l'odeur de la nuit. Le manque d'Éli ?

Il lui semble qu'elle mouille. Elle voudrait bien enfoncer son index dans la pâte. Elle n'ose pas. Jouir de qui ? Et pour quelle nouvelle mystification ? Elle divise la boule d'une main experte, forme quinze petits pains qu'elle dispose sur la plaque de cuisson. Un quart d'heure suffira pour cuire ces pains. Elle place le thermostat sur 250 C°. Il va faire bon dans la pièce, trop chaud pour les pâtes en repos. Marie les emporte au salon, s'affale dans le canapé. Elle est triste, cette pièce. Les meubles ne racontent rien, la moquette est impeccable. Marie repart dans la cuisine, ferme le four sur les petits pains, décide, en attendant qu'ils cuisent, de s'occuper du pain perdu. Trois œufs (dont seulement un blanc), du lait entier, de la crème, du sucre, du beurre et du pain de la veille feront l'affaire.

Éli va trouver qu'elle en a fait trop. Mais elle le connaît. L'abondance des objets et des mets le rassure. Il a sans doute manqué, enfant.

Les petits pains prennent une couleur caramel derrière la vitre du four. Il faudra patienter avant de les couper sinon ils risquent de s'affaisser. Attendre. Toujours attendre avec le pain.

Elle plonge les parathas et les puris dans l'huile bouillonnante. Leur matière dore, ils gonflent au milieu des centaines de bulles. « C'est beau, se dit Marie, cela devrait suffire à vivre. » La pensée d'Éli valse autour d'elle. Elle sort les pains l'un après l'autre, absorbe le surplus de graisse avec un papier. Luc (un de ses ex) n'avait pas voulu la suivre à l'hôpital. Elle avait avorté toute seule. À cette époque, elle briguait déjà le poste de Sanchez. Sa vie amoureuse était vraiment minable. Pour se rassurer, elle dansait avec Julia, la caressait. À l'hôpital, le bébé était parti d'un coup. Elle s'en fichait. Maintenant, c'est étrange, elle ressent comme du regret. Il aurait gonflé comme un pain dans son ventre, il aurait pris la couleur douce des prunes...

Le dernier paratha manque brûler. Les cheveux de Marie ont failli prendre feu. Tout chauffe ici. Tout crépite et se transforme. La cuisine comme ultime refuge ? Ici, seuls comptent le goût, son élévation, la perfection des saveurs. Est-ce cela, Dieu ? Un souffle tiède caresse la nuque de Marie. Elle n'a plus peur d'enfiler ses gants, d'ouvrir la boîte de trioxyde, de saupoudrer l'intérieur des pains. Elle n'est pas folle, lucide peut-être, flairant soudain la mort, ne s'en détournant plus. Comme elle voudrait qu'Éli la voie.

L'heure passe. La vieille ne s'est pas réveillée pour aller pisser. Marie se met à chantonner. La perspective d'étreindre bientôt Éli la remplit de plaisir. Une fois le dernier puri cuit, elle place un bol de céramique rempli d'eau dans le four. La croûte du pain au levain n'en sera que meilleure. Buée. Toutes les peaux prennent vie, celle de Marie aussi. L'aube point derrière les fenêtres. Elle doit aller travailler maintenant. C'est drôle, elle n'éprouve aucune fatigue et, dans le miroir, elle est éclatante de beauté. L'idée de le revoir. L'idée d'en finir ? Elle ne sait pas. Dans la rue, à son passage, plusieurs hommes se retournent.

Elle est venue lui ouvrir. Il sent bon.

– Tiens.

Un petit paquet. Elle l'ouvre : deux bougies de chez Diptyque : l'une au muguet et l'autre au magnolia, « pour toutes les nuits que nous allons passer ensemble ». Marie esquisse un sourire. Elle aurait tant voulu y croire, à ces mots-là. Elle se hisse sur la pointe des pieds, le remercie, l'embrasse.

– Éli ?

– Oui, Marie ?

– Prends-moi, là. Prends-moi comme les premiers jours.

Elle se tourne contre le mur. Elle attend.

– Non, Marie.

Elle se retourne.

– S'il te plaît, après, c'est juré, je ne te demanderai plus rien.

Éli ne comprend pas pourquoi elle l'excite tant. Il

n'est pas venu que pour cela. Il cède, fourre la main entre ses cuisses, abaisse le collant. Marie gémit. Il tâte les deux fesses, les pétrit à travers la culotte. Il remonte l'avant-bras entre les deux jambes de Marie, vient cogner son sexe. Elle pousse un cri, le supplie. Il suspend son geste. Il veut la voir se plaindre, savourer ce pouvoir qu'il a sur elle. Il la frôle, s'écarte à nouveau, attend qu'elle se mette à geindre plus fort.

– Arrache mes habits, baise-moi !

Il plaque sa main sur sa bouche, s'apprête à la gifler. Oui, atteins-moi, Éli, meurtris-moi au plus intime. Délivre-moi à jamais de cet amour, tu me frappais, tu te souviens ? Les gifles ne viennent pas, les coups non plus. Il ne bouge pas, pose le front dans son dos.

– Non, Marie, je ne veux plus être cet homme-là.

Elle a envie de rire, d'éclater en sanglots. Il a trouvé mieux ! Sans doute cette amie de Julia, probablement plus chienne qu'elle ! Elle ne réagit pas, attend. Il doit rester dîner ! Voilà, il remue à nouveau, la caresse. C'est si doux ! Marie se laisse faire. Elle n'est même plus la part obscure. Il l'enlace, il s'affirme, la pénètre enfin.

– Je t'aime.

Tant de cruauté. Elle mord sa main jusqu'au sang.

– Marie !

Elle lâche prise. Va-t-il partir ? Paniquée, elle s'immobilise. Rien. Il lèche la peau mordue, serre Marie très fort contre lui.

– Laisse-moi te faire l'amour comme j'en ai envie, Marie…

Elle le désire à nouveau. Elle se cambre. Éli, sans un mot, la pénètre, tendre, si tendre ! Comme dans un rêve, il l'appelle à lui, dérapant, s'enfonçant – est-ce possible ? – jouissant enfin en elle. Éreinté, ému, il reprend souffle, s'appuie sur le corps immobile de Marie.

– Je jouis encore…

Lui, non. Il a tout lâché, éjaculé sa part. Il remet en place la culotte d'un geste doux. Le sperme, depuis la fente des fesses, s'écoule le long des cuisses.

– Tu es belle.

Belle ? Elle hoche la tête. Le corps décroche, l'orgasme s'affaisse. Vide. Étourdissement.

– Belle, oui.

Elle était si laide, hier à peine, à l'attendre sans plus se coiffer, se parfumer. Plus moche encore peut-être à écarter son cul pour lui alors qu'elle sait, elle sait tout. Éli se dégage lentement. Il semble bouleversé.

Il ne faudra rien dire. Il faudra se taire, juste contempler son corps roide, baiser sa peau livide. Étinceler comme elle étincelle depuis qu'elle a pris sa décision.

– Viens, Éli, allons dîner. J'ai fait le pain moi-même, tu as faim, n'est-ce pas ?

Éli prend place. La mort, ce n'est que ça. Marie a disposé chaque plat sur la nappe. Le pain au levain à droite entouré des fromages. À gauche, devant des coupelles emplies de sauces et de condiments, les parathas, les puris, les pains au seigle et aux céréales. Au centre, la viande grésillante dont le jus suinte encore. Ici et là, des poivres concassés et des sels de toutes sortes, un beurre fermier, de la crème épaisse, un bol de menthe sauvage, un autre de ciboule et de coriandre.

– Tu permets ?

Éli attrape le couteau à pain. Marie acquiesce, souriante. Elle n'éprouve aucun plaisir à le regarder trancher sa propre perte. Aucune jouissance. Ça n'est pas cela, non, qu'elle devra raconter ou retenir.

– Tiens.

La mie est épaisse, il la lui tend. Elle le trouve encore plus beau.

– Je peux ?

Elle opine à nouveau. Il lui sourit et, plein de gratitude, trempe sa tartine dans le bol où attend le caviar d'aubergine. Il porte la tartine à sa bouche. Il mord.

– C'est vraiment somptueux !

Il attrape la fourchette, pique dans la viande. Il voudrait éclater de rire tellement c'est bon. En face, Marie ne fait que hocher la tête. Pour rien au monde, elle ne veut rater ce moment. Il mâche, plonge le pain tiédi dans le raïta, le chutney, le condiment à l'ail. Avec lui, elle déguste, absorbe.

Lorsque le dernier morceau d'agneau a disparu dans sa bouche, il lui parle de cet étrange don de voyance qu'il porte en lui depuis l'enfance. Aujourd'hui, il le sent, la fin du monde est proche. Elle l'écoute, troublée.

– J'ai peur, Marie.

Elle lui passe les poivrons doux marinés dans l'huile.

– Tu me crois fou ?

Elle pose un doigt sur ses lèvres, lui demande de se taire. Il se ressert un verre de vin.

– Je ne sais plus si j'invente ou si je pressens... Manger, là, savoir que tu as confectionné tout cela pour moi...

– Pour toi, oui.

– Marie, je dois te dire...

Elle l'arrête d'un geste.

– Après, mon Éli, après le repas. Après l'amour.

Alors, il pourra avouer qu'il ne l'aime pas et parler de son désir pour les autres. Il pourra tout dire, elle pourra tout pardonner. On pardonne à ceux qui vont partir. Il mange si bien ! Il est si attentif ! Perdre. Voilà le premier verbe de la création.

– Tu n'as pas faim, Marie ?

– Si.

Elle avale un peu de vin, ferme les yeux pour mieux goûter. Éli la regarde. Il vient de lui annoncer quelque chose de terrible. Elle n'a pas sourcillé. Elle l'a même cru. Il n'en revient pas. Elle l'apaise, elle boit, elle ne se moque pas de lui. Rien que pour ça, il voudrait boire et manger sans fin cette nourriture qu'elle lui offre.

Elle le contemple. Si elle avait su dessiner, elle lui aurait demandé de poser, là, en train de festoyer comme un gosse. Vraiment il se régale. Heureux, splendide comme jamais. Il meurt, elle ne doit pas l'oublier. Elle l'aime aussi. Elle rassemble ses souvenirs, pense à ce jour où elle l'a aperçu à l'agence. Marie avait commencé par rire. La rencontre allait l'arracher à sa terre, démolir tous ses rêves. Elle avait ri. Rien d'injuste à cela. Rien de miraculeux. Rien d'absurde. Éli mange à présent. Ravi. La mort finalement, oui, n'est que ça.

Les poivrons reposent dans l'huile, intacts. Seul le plat de viande est déjà englouti. Les yaourts et les épices somnolent dans les coupes.

– Il y a du pain perdu pour le dessert.

Il secoue la tête, lui répète qu'il l'aime. Combien de grammes a-t-il ingurgités ? Et elle ? Elle débarrasse la table, trouve les assiettes bien plus légères que tout à l'heure. Il ne veut pas de salade. Ni de fromage.

– Je n'aime pas me sentir trop lourd, Marie.

La nappe est tachée à un seul endroit, à côté du verre d'Éli. Une goutte de vin ? Du jus de viande ?

Marie rince la vaisselle dans la cuisine, guettant le grésillement du beurre et de l'huile dans la poêle. Le pain attend sur la planche en bois, trempé dans l'œuf, saupoudré de sucre et de cannelle. Marie lave. Éli attend lui aussi, repu. Marie dispose les assiettes l'une à côté de l'autre, choisit de ne pas les essuyer, jette deux tranches de pain dans la poêle brûlante. Elles se rétractent. Comme ça sent bon, et si vite ! Marie ne quitte pas des yeux la mie qui change de couleur. Il s'agit de ne pas louper son coup, le pain ne doit pas durcir. « Là, ça y est, c'est prêt. » Marie sort la poêle du feu. Personne ne le lui a transmis, ce savoir. Marie sourit. Elle le porte sous la peau de son ventre.

Pour la deuxième fois, il avale une bouchée de pain perdu.

– J'aimerais être un chien. Les chiens n'ont peur que de ce qu'ils voient.

– Ma mère aussi voudrait être un chien.

Il lui demande si elle parle sérieusement. Marie s'étonne. Elle dit la vérité. Sa mère trouve ça génial de pouvoir pisser n'importe où et de se faire continuellement choyer... Éli pouffe. Il aime quand Marie parle de sa famille.

Elle se lève pour nettoyer la table. Bientôt, elle le cajolera. Il ne peut rien lui refuser, il a tant de choses indignes à lui annoncer : « Marie, je ne trouve pas la force de quitter Dina, Marie, j'ai besoin de te mentir, de te corrompre. »

Il l'aide à secouer la nappe, boit le thé à la fleur d'oranger. Elle aime quand il caresse, distrait, le velours de l'accoudoir du canapé. Un accès de tristesse la saisit à l'idée que c'est la dernière fois. Il n'a pas l'air de souffrir. Elle se lève, lui prend la main.

– Allons dans la chambre, viens.

Elle le dévêt, embrasse ses épaules, son cou, son ventre. Elle l'allonge, nu, sur le lit.

– Dénude-toi aussi, Marie.

Elle retire sa robe. Éli bascule sur le côté pour écarter d'un geste doux ses cuisses, et sans rien lui demander, commence, très tendre, à lui lécher l'entrejambe. Marie se laisse faire, émue. C'est la première fois. Il retire la culotte, pose les deux mains à plat sur la peau de son ventre, scrute avec attention les poils de ce mont de Vénus plus foisonnants que celui de l'étudiante.

– S'il te plaît, écarte encore un peu.

Ce qu'il veut voir, c'est la vulve tout entière, avec ses lèvres encore fermées, jointes. Marie s'exécute. L'idée du poison dans le corps d'Éli la trouble. Il commence à la lécher, entrouvre ses lèvres par lapements vifs et légers. Elle est sur le point de jouir. Elle ne veut pas. Elle n'a pas assez pris. Sous les yeux étonnés d'Éli, elle se retourne sur le ventre. Il prend cela pour une nouvelle requête, écarte ses fesses, engouffre sa langue, chatouille le plus obscur. Marie ressent un plaisir aussi inattendu que violent. Éli fourre un doigt dans sa chatte, puis deux, sans retirer la langue de son anus. Elle gémit. Éli retire ses doigts, les lèche, les introduit dans la bouche de Marie, les sort, les fourre à nouveau dans son cul. Marie se lève brusquement.

– Qu'est-ce qu'il y a ?

Il faut que tout ceci dure. Il ne comprend pas. Elle

revient avec un pot de crème fouettée, du miel et des fruits. Il rit de ce nouveau fantasme. Marie est son imprévu. Son dérapage.

– Ne t'en fais pas pour les draps. Je les laverai.

Marie commence à l'enduire, elle badigeonne ses cuisses, ses genoux. Il se raidit, se redresse, livide. Elle n'a pas le temps de lui demander ce qui lui prend. Il sort en courant de la chambre, part vomir dans les toilettes. Elle reste seule. Ça ne peut pas finir comme ça, non. Elle le rejoint, l'emmène à la salle de bains, lui passe une serviette mouillée sur le visage.

– Je crois que je devrais rentrer.

– Pas dans cet état, viens.

Elle le ramène dans la chambre. Il sent qu'elle le désire.

– Marie, je suis pas très bien.

Elle ne l'écoute pas, prend son sexe dans sa bouche. Il faut qu'il bande encore. Il est tout étourdi.

– Marie, s'il te plaît.

Elle fait non de la tête. Elle veut le manger, l'avaler. Tout doit lui revenir. Tout. Il a de nouveau la nausée, veut se relever, elle l'en empêche. Qu'il dégueule dans les draps. Elle cale ses jambes autour de lui, trempe la main dans le miel, enduit son sexe, son cul. Il râle. Elle s'en fout. Elle le lèche, le lèche encore, presse une poire au-dessus de son corps. La cascade des gouttes le fait frissonner. C'est un peu comme mourir tout ça. Mourir dans une bouche. Marie est lourde, elle le dévore,

Marie sue, elle le viole. Éli se sent mal. Elle le mord. Elle veut son sexe. Il crie. Il ne sait plus s'il aime ou s'il a peur. Marie se love contre lui, se frotte. Leurs cheveux collent, leurs torses collent. Il se sent pris de vertiges. Marie l'étreint, l'embrasse, branle sa vulve devant lui, oint son visage du suc de son plaisir. Éli bande d'un coup. Elle ne lui demande rien, attrape son sexe, l'introduit en elle. Ce que son corps pèse ! Elle va et vient de rage, de plaisir. Il ferme les yeux, éjacule. Elle pousse un cri.

Il s'essuie le sexe debout dans la chambre. Marie le contemple. Bientôt, il va la quitter, l'entraîner sur le seuil, lui confier ses lâchetés. Éli pousse un gémissement. Il est blême. Elle ne veut pas de sa mort ici, chez elle. Sa mort, c'est l'autre monde, celui de dehors, pas le sien. Ici, tout doit être souvenir. La peau en premier. Les murs. L'eau qu'il a touchée pour se laver les mains. La robe. Les assiettes. La couleur des draps, les nappes.

Elle l'aide à s'habiller, elle le raccompagne à la porte. Elle n'a pas d'appréhension, il est encore si près d'elle. Elle tourne la poignée.

– Marie ?

– Non, je ne veux pas entendre.

– Marie, c'est important.

Elle ouvre la porte. Elle ne veut pas l'écouter. Il la prend par le bras.

– Marie, ça y est, je l'ai quittée.

Marie ne réagit pas.

– Marie ?

Il pose ses mains sur elle.

– J'ai quitté Dina.

Ce dernier mensonge lui est insupportable. Le jeter dehors ? L'insulter ? Marie se dégage d'un mouvement sec.

– Tu mens, Éli. Tu ne cesses de mentir.

Il semble stupéfait.

– Pourquoi te mentir ?

Elle le toise. Elle va l'achever, lui et son corps pourri, ses entrailles empoisonnées, sa fausse conscience.

– Et Caro ?

Un silence idiot entre eux. Il ne lui reste plus qu'à partir, mais non, il reste immobile, face à elle.

– C'est toi que j'aime, Marie.

Elle part d'un rire hystérique.

– Moi seule ? Et tu penses que je vais te croire ?

Il ne fléchit pas.

– Je veux vivre avec toi, Marie. Dès demain, si tu veux.

Marie frémit. Quelque chose lui dit qu'il est sincère ! Elle a un haut-le-cœur. Éli pense qu'elle a froid. Il l'enlace, se penche à son oreille, lui demande pardon. Marie n'entend rien. Pas même le bruit du baiser qu'il pose sur son épaule, sur la peau de sa joue.

– Marie ?

Non, elle ne veut pas relever la tête.

– À demain.

Les yeux braqués au sol, elle trouve la force de hocher la tête. Éli dépose un baiser sur ses cheveux, tourne le dos, s'en va. Elle compte chaque pas dans l'escalier. Courir derrière lui ? L'emmener à l'hôpital ? Non, rien, c'est trop tard. Il a peut-être menti… Elle y a cru. Elle y croit. Elle y croira toute sa vie.

En bas, la porte cochère se referme.

La télé fait du bruit. La télé aspire la mémoire. La télé modifie la perception du réel. C'est exactement ce qu'il faut à Marie. Elle se plante devant le petit écran, attend. Rien, l'image n'agit plus, l'image ne l'avale pas, ne l'absorbe pas. Dans le répondeur, Julia annonce qu'elle a failli perdre l'enfant !, et Gattier (comment a-t-il trouvé son numéro ?) la couvre d'insultes jusqu'au bip final. Puis tout recommence, les messages, le froid intense.

De l'autre côté de la ville, Éli agonise sous les yeux épouvantés de sa femme et de sa petite fille.

La télé bourdonne. Il faut du bruit quand la conscience éclate, de la couleur, des visions de gamins qui consomment, des têtes d'enfants, des sourires à vomir. Éli tombe face contre terre. Marie se fige. Succession de dentifrices et de yaourts à boire. Ils auraient pu avoir un enfant ensemble, plonger dans une piscine, héler un taxi tard dans la nuit…

La télé fait du bruit. La télé aspire la mémoire. La télé modifie la perception du réel. Les souvenirs fondent sur elle. Elle n'a ni faim, ni soif. Juste un picotement au bout de l'orteil. Rêve-t-elle ? Marie enlève sa chaussure, se gratte.

Le picotement s'étend…

Remerciements

Je tiens à remercier profondément Yves Bichet pour son intransigeance, son soutien et ses conseils. Sans lui, ce livre ne serait pas ce qu'il est.

Merci également à Christine Bry, sa compagne, pour sa lecture et sa justesse, à Colo Tavernier pour son amour et son intelligence critique, à Xavier et Olivia pour leurs présences si lumineuses dans ma vie.

RÉALISATION : PAO ÉDITIONS DU SEUIL
IMPRESSION : CORLET À CONDÉ-SUR-NOIREAU
DÉPÔT LÉGAL : MAI 2008. N° 97703 (112187)
Imprimé en France